Andare Più – a Fondo
Un Devotinal di 30 Giorni

Pastore Franco e Samuele Gervasi

MIDWEST CHRISTIAN PUBLISHING

Codice ISBN: 979-8-9936959-2-1

In Dedica: Scritto e dedicato a Rosetta Gervasi. Uno spirito veramente gentile e generoso che ha abbracciato completamente la Croce in una stanza dell'unità di terapia intensiva prima di essere chiamato a casa. Ci manchi molto! Non vediamo l'ora che arrivi il giorno in cui ci rivedremo...

Introduzione:

Che tu sia una persona che ha un buon cammino con il Signore o che voglia semplicemente avvicinarsi a Cristo. Ogni persona di fede si trova a desiderare o ad aver bisogno di una migliore connessione con Dio. Per la persona che è andata alla deriva, non sempre ricordiamo come è successo o come siamo arrivati a quel punto del nostro viaggio spirituale. Tuttavia, tutti noi, prima o poi, siamo risvegliati dalla consapevolezza che vogliamo di più da Dio.

Ricordiamo, come Davide nei Salmi, i momenti in cui abbiamo goduto della nostra relazione e della nostra vicinanza con Dio. Egli dice: *"Queste cose le ricordo mentre apro la mia anima: come andavo alla casa di Dio sotto la protezione dell'Onnipotente con grida di gioia e di lode in mezzo alla folla festosa". (Salmo 42:4)* Quindi, prendiamo la decisione e l'impegno di crescere nella nostra fede e di insistere ancora una volta su Dio. Per sperimentare la fede fiorente che vogliamo per noi stessi.

La nostra speranza e preghiera è che prendiate questi prossimi trenta giorni con la *Devozione per Andare Più A Profondità* e siate intenzionali nel premere forte per Dio attraverso queste riflessioni. Ogni giorno ha un passaggio che aiuterà il lettore a ricordare la fedeltà e la bontà di Dio. La *Grande Idea* per quella riflessione e il passaggio che dà il punto principale o il principio permanente. Un *pensiero da asporto* ampliato nella sezione *Approfondimento*. Insieme a una sezione quotidiana *di Sfida* e *Preghiera* per consolidare la riflessione e la crescita per quella rispettiva devozione. Inoltre, ogni devozione include una sezione *Andare più a fondo* che presenta uno scrittore, un commentatore o un riferimento ampliato per il passaggio o le idee del giorno.

Ci auguriamo che tu usi e apprezzi fedelmente la *Devozione Andare più in profondità*.

Andare Più a Fondo – Un Devozionale di 30 Giorni

Andare Più a Fondo
Un Devozionale Di 30 Giorni
del Pastore Franco e Samuele Gervasi

Sommario:

#1 - Incoronazione Del Re
Leggi: *Luca 19:35-40*

"Io vi dico, Egli rispose: 'Se tacciono, le pietre grideranno'". **Luca 19:40, CEI**

Ogni giorno, quando il sole sorge su Washington, D.C., la sua luce cade per la prima volta sul lato orientale della struttura più alta della città, il Washington Monument di 555 piedi. La prima parte di questo monumento storico è quella di riflettere il sole nascente sul lato orientale della sua pietra di copertura in alluminio, dove si possono vedere le parole latine incise, *Laus Deo*, che una volta tradotte in inglese recitano: *"Sia lodato Dio"*.

La lode è uno degli argomenti più discussi nelle Scritture. In effetti, la nostra lettura di oggi mostra probabilmente uno dei più grandi momenti di adorazione che Cristo sperimenta da questa parte del cielo. Nel nostro brano, vediamo il popolo esaltare Cristo come Re mentre entra trionfalmente a Gerusalemme e Gli dà l'adorazione che gli è dovuta. *1*

Grande idea: sii sempre pronto ad adorare Gesù – e onorarlo – come l'unico vero re.

John MacArthur chiama questo passaggio *"l'incoronazione del re"2* e lo cita come l'ultima apparizione pubblica di Cristo prima della Sua crocifissione. Che penso sia un titolo appropriato per questo passaggio, perché suona più regale, come una cerimonia per i reali. E questo è esattamente il motivo per cui la gente di Gerusalemme sta adorando con tanta gioia. Nel versetto 37 si dice: *"Quando fu vicino al luogo dove la strada scende dal monte degli Ulivi, tutta la folla dei discepoli cominciò a lodare Dio a gran voce per tutti i miracoli che avevano visto".* Era finalmente giunto il momento!

Andare Più a Fondo – Un Devozionale di 30 Giorni

Pensate a come avevano sentito parlare della venuta del Messia per così tanti anni durante le letture dell'Antico Testamento nelle varie sinagoghe. Settimana dopo settimana! Anno dopo anno! Lettura dopo lettura! Avevano capito una cosa importante: che Gesù era l'unico vero Re, degno della nostra adorazione e obbedienza. E anche noi dobbiamo capirlo perché il modo in cui vediamo Cristo e lo adoriamo può fare la differenza.

———————————

Intuizione: Il fatto che Cristo sia Re dovrebbe significare che una persona adora Cristo con riverenza. Tuttavia, significa anche che dopo aver sottomesso la nostra vita a Lui, viviamo in modi che sono coerenti con i Suoi insegnamenti.

———————————

Vedete, la folla ha capito che questo era un grosso problema per queste persone e che il momento era arrivato. Lo adorano con tutto il loro cuore!

———————————

Sfida: Qual è la mia mentalità generale nei confronti della lode? È come nel brano? Come posso migliorare la mia visione della lode?

Pregare: Chiedere a Dio di aiutarci ad avere la stessa mentalità...

———————————
Andando più a fondo:

In questo passaggio, potresti notare che Gesù entra a Gerusalemme su quello che alcuni Vangeli descrivono come un *"asino"*. Tuttavia, Matteo include la parola *puledro"* che significa che questo asino non era mai stato cavalcato prima. Questo asino era uno di quelli che doveva essere per il Messia che sarebbe venuto. Quando Cristo fece questo, stava adempiendo la profezia che si trova in Zaccaria 9:9, dove si dice: *"Rallegrati grandemente, figlia di Sion! Grida, figlia Gerusalemme! Vedi, tu Re vieni a te, giusto e vittorioso, umile e cavalcando un asino, un puledro, il puledro di un asino".* **3**

———————————

Devozione scritta dal pastore Frank e Samuel Gervasi

———————————

1. Wikipedia, https://en.wikipedia.org/wiki/Washington_Monument, consultato l'11/03/2024.
2. Grazia a te, https://www.gty.org/library/sermons-library/81-42/the-humble-coronation-of-king-jesus, consultato l'11/03/2024.
3. Nuova Bibbia Internazionale, Sacra Bibbia, Nuova Versione Internazionale®, NIV® Copyright ©1973, 1978, 1984, 2011 di Biblica, Inc. ® Utilizzato con autorizzazione. Tutti i diritti riservati in tutto il mondo.

Andare Più a Fondo – Un Devozionale di 30 Giorni

#2 - L'iscrizione Non è Un Country Club
Leggi: *Efesini 2:19-22*

"Di conseguenza, non siete più stranieri ed estranei, ma concittadini del popolo di Dio e anche membri della sua casa". **Efesini 2:19, CEI**

Alcuni hanno detto che l'appartenenza alla chiesa è uno strumento molto prezioso per crescere nella fede. Tuttavia, è stato davvero un argomento frainteso in molte chiese e credenti in tutto il paese. Infatti, è stato recentemente riferito che il numero dei membri della chiesa è diminuito del 19% negli ultimi sedici anni. Che è davvero un grande numero che ha ramificazioni per la maturità spirituale di molte persone, comprese quelle che non facevano parte di questa ricerca.

Grande idea: *i cristiani diventano parte di una famiglia più grande e i credenti crescono e diventano un tempio sacro dove dimora lo Spirito di Dio.*

L'apostolo Paolo, quando si rivolse alla chiesa di Efeso, non stava necessariamente correggendo comportamenti cattivi o errati, o problemi interpersonali con nessuno. Piuttosto, stava dando, in parte, un modello solido per il tipo di relazioni che dovrebbero esistere dopo che una persona diventa un seguace di Cristo. Nel versetto 19 descrive l'essere "membri della casa di Cristo". Anche se forse si riferiva all'inclusione dei Gentili nella famiglia di Dio, sta anche dicendo che facciamo *parte "di una famiglia con Cristo come capo". 2* (versetto 20).

Intuizione: L'appartenenza è uno strumento che Dio usa per far crescere ogni membro in una famiglia. Edificato sui principi degli Apostoli con Cristo come pietra angolare. L'appartenenza è un patto tra i singoli credenti e una chiesa locale di impegno, dove gli individui e le chiese crescono fino a diventare un luogo in cui dimora lo Spirito di Cristo.

Andare Più a Fondo – Un Devozionale di 30 Giorni

Molte volte le persone pensano che l'appartenenza alla Chiesa non sia nella Bibbia. Tuttavia, il concetto è intessuto nel Nuovo Testamento ed è uno degli strumenti più importanti che Dio usa per far crescere noi e la Sua chiesa. Ora, la parola stessa (appartenenza) non si trova molte volte in quella forma. Tuttavia, nel solo libro degli Atti, circa l'82% dei passaggi riguardanti il diventare cristiano si riferiscono al corpo locale dei credenti e NON alla Chiesa Cristiana Universale. Ci sono circa 17 riferimenti a dove una persona è stata aggiunta alla chiesa. Circa 14 su 17 stanno regalando un'immagine di credenti che entrano a far parte di una congregazione locale. Senza contare le epistole in cui il concetto viene modellato anche nel contesto della chiesa locale. Ovviamente, mostra l'importanza di essere connessi gli uni agli altri attraverso un corpo locale di credenti.

Le relazioni familiari crescono e cambiano sempre nel tempo. Tuttavia, alla fine, diventiamo un luogo in cui lo Spirito di Cristo può dimorare. Il versetto 29 dice che *"stiamo diventando un tempio santo per il Signore"*. 1_____

Sfida: *Quali mentalità ostacolano l'essere un buon membro della mia chiesa locale? In quali modi posso crescere nelle aree in cui opero? In quali modi potrebbe impedire allo Spirito di Dio di dimorare in me?*

Pregare: *Chiedere a Dio di rendere la mia vita un luogo in cui il Suo Spirito vorrebbe dimorare...*

_____
Andando più a fondo:

Membro, anche se la parola greca non si trova nel Nuovo Testamento. Il concetto è importante e la parola. Nell'Antico Testamento potrebbe non essere stato così imperativo perché la vita ebraica era incentrata intorno alla sinagoga. Studiavano, andavano a scuola, servivano e venivano istruiti nella Torah. Quindi, l'idea di comunità era quasi prevista e semplicemente data per scontata. Tuttavia, nel Nuovo Testamento il concetto di appartenenza divenne molto importante perché la chiesa era un concetto nuovo. Così come il conflitto che sorse tra gli ebrei ortodossi e la Chiesa cristiana. Infatti, alcune delle *"volte in cui la parola è usata nel Nuovo Testamento si riferisce agli organi di un corpo, così come a una parte del tutto"*. *(J. Knox, Dizionario della Bibbia di un interprete, Abington Press, Copyright 1962.)* Soprattutto in luoghi come Matteo 5:29, Romani 6:13, Romani 7:23, Romani 12:4 e 1 Corinzi 12:12-27. Il che è importante perché Cristo vedeva la chiesa come membri di un corpo strettamente connesso a Lui. *L'appartenenza è un patto tra i singoli credenti e una chiesa locale di impegno,*

Andare Più a Fondo – Un Devozionale di 30 Giorni

dove gli individui e le chiese crescono fino a diventare un luogo in cui dimora lo Spirito di Cristo. **numero arabo**

_____

Devozione scritta dal pastore Frank e Samuel Gervasi

_____

1. Nuova Versione Internazionale (NIV), Sacra Bibbia, Nuova Versione Internazionale®, NIV® Copyright ©1973, 1978, 1984, 2011 di Biblica, Inc. ® Utilizzato con autorizzazione. Tutti i diritti riservati in tutto il mondo.
2. J. Knox, Dizionario della Bibbia di un interprete, Abington Press, Copyright 1962.

#3 - I Benefici Di Una Fede Forte
Leggi: *Giovanni 4:46-54*

___

"L'ufficiale reale ha detto: 'Signore, scenda prima che mio figlio muoia'. Rispose Gesù: «Va', tuo figlio vivrà.'" **Giovanni 4:49-50, NIV**

___

Il dizionario definisce la fede come: *"la capacità di confidare nel valore o nell'abilità di qualcuno o qualcosa".* 1 Tuttavia, è davvero un'ottima definizione, anche se è laica. Perché si riferisce anche a questioni di fede. Sia nei concetti di fede in Dio ----*Stesso*, sia anche nella fede in ciò che le Scritture ci dicono. Ora, nel caso della fiducia in Dio, una persona ha bisogno di accettare chi Egli dice di essere, *pienamente e completamente*. Inoltre, anche se è vero anche perché una persona deve credere completamente in come la Bibbia ci comanda, incoraggia ed esorta a vivere. Tuttavia, *a volte non è una cosa così facile da fare, vero?* Soprattutto se si pensa a tutte le variabili che a volte entrano in gioco con la vita. Tuttavia, la fede è un ingrediente chiave necessario per la massima crescita, indipendentemente da quanto tempo una persona cammina con Cristo.

___

Grande idea: la *fede è necessaria per tutte le stagioni della vita di un seguace di Cristo se vuole sperimentare il meglio di Dio nella vita.*

___

La fede in *Dio* **e nelle** Sue *capacità* è richiesta per **tutta** la vita cristiana, dall'inizio alla fine. Sia per *i giovani* che per *i vecchi*, sia *per i piccoli* che *per i grandi*, per coloro che sono stati salvati da poco, per coloro che seguono Cristo da diversi anni. E anche dalla *cosa più piccola*, ---alla cosa *più grande*, abbiamo davvero bisogno di Dio per ogni cosa.

Se si guarda al contesto del passaggio, era molto semplicemente per la guarigione del figlio del funzionario reale. Anche se non ci dice *quale* fosse la malattia, era sicuramente un *problema serio* perché dice che era *"vicino alla morte".* (v.47.)

Andare Più a Fondo – Un Devozionale di 30 Giorni

E ciò che è chiaro è che il funzionario credeva **pienamente** che Gesù potesse fare il miracolo nella vita di suo figlio. Perché il versetto 47 dice: *"Andò e pregò"* 2 Cristo per la guarigione. Ora, potrebbe essere stato per *disperazione*, ma molto probabilmente, era perché aveva sentito e forse anche visto di seconda mano tutto ciò che Cristo aveva fatto. I miracoli compiuti, l'insegnamento con autorità e persino la sfida alle credenze di lunga data dei leader di quel tempo e di quella cultura.

———

Intuizione: **La fede è davvero necessaria per tutti i bisogni della vita cristiana. Se ne hai bisogno, <u>confida pienamente</u> nel fatto che Dio può fare tutto ciò che è necessario per te. Che si tratti di un piccolo problema di relazione, di una decisione importante o di un grave problema di salute.**

———

Anche se Dio *si preoccupa* di *tutto*, la *prima preoccupazione di Cristo* è l'anima di una persona. Pensaci, perché non si preoccupa più della tua *salute* che della tua destinazione finale. Non si preoccupa della tua *ricchezza* più della tua anima. E non si preoccupa nemmeno delle tue *relazioni* più del posto nell'eternità! Ciò che **interessa** *di più* a Gesù è se sei arrivato a un punto di pentimento e se hai ricevuto il perdono che deriva dall'abbracciare la Croce. (Giov. 3:16).

Nel versetto 48 si dice : *"Se non vedete segni e prodigi",* Gesù gli disse: *"Tu non crederai mai"».* **2** Anche se Cristo non lo dice specificamente, è a questo che ci si riferiva. Perché i *segni e i prodigi* che la gente avrebbe visto, erano proprio i segni che Egli era il Figlio di Dio, che doveva venire nel Mondo. Il Regno di Dio era finalmente arrivato.

Elizabeth Elliott, la moglie del missionario che fu uccisa dagli indiani Auca a cui suo marito portava il Vangelo, disse questo riguardo alla fede: *"Se credi in un Dio che controlla le grandi cose, devi credere in Dio che controlla le piccole cose. Siamo noi, naturalmente, a cui le cose sembrano piccole o grandi".* **3**

———

Sfida: **Qual è il mio livello di fede attualmente? Credo ancora completamente in Dio alla Sua parola, o no? Come posso continuare a crescere nella fede?**

Pregare: **Chiedere a Dio di estendere la mia fede in Lui, in modo che io possa sperimentarlo in un modo più grande...**

Andare Più a Fondo – Un Devozionale di 30 Giorni

Andando più a fondo:

C'è anche un'altra ragione che dimostra che l'ufficiale reale aveva grande fede. E questo *perché* si diceva che avesse lavorato per Erode Antipa, figlio di Erode il Grande. Anche se non sembra significativo.lo è davvero! Perché *molto probabilmente* **non era** molto affezionato a Cristo --- essere cresciuto intorno a tutta quella *gelosia e animosità* nei confronti di Cristo. Infatti, Pilato rimandò Cristo ad Antipa, e lui fu deriso e mandato avanti e indietro. Così, l'ufficiale reale che chiedeva un miracolo era abituato a sentire solo discorsi negativi su Gesù. Tutto questo per dire che stava mostrando una grande fede in chi Cristo stava dicendo di essere! La **NIV Study Bible** aggiunge "*a meno che non vediate segni e prodigi, non crederete mai". Era l'atteggiamento generale dei Galilei, non quello del funzionario". 4*

Devozione scritta dal pastore Frank e Samuel Gervasi

1. Dizionario Webster, Merriam-Webster, Inc, 2016
2. Nuova Versione Internazionale (NIV), Sacra Bibbia, Nuova Versione Internazionale®, NIV® Copyright ©1973, 1978, 1984, 2011 di Biblica, Inc. ® Utilizzato con autorizzazione. Tutti i diritti riservati in tutto il mondo.
3. Jungle Pilot, Russel Hilt, Discovery House Publishers, 1997
4. NIV Study Bible, BibleGatewayPlus, Biblegateway.com, consultato il 20/03/2025

Andare Più a Fondo – Un Devozionale di 30 Giorni

#4 - Pregare Come Un Discepolo
Leggi: _**Luca 11:1-4**_

"Un giorno Gesù stava pregando in un certo luogo. Quando ebbe finito, uno dei suoi discepoli gli disse: 'Signore, insegnaci a pregare, come Giovanni ha insegnato ai suoi discepoli'". **Luca 11:1, CEI**

La nostra vita di preghiera è probabilmente una delle cose più importanti che possiamo fare! Questo è vero perché è una delle discipline più _basilari_ per il cristiano, e ogni seguace deve farlo. Ma la preghiera può essere anche un argomento frainteso e _poco insegnato_ in alcune chiese. Inoltre, non importa da quanto tempo sei un cristiano perché nessuno sembra laurearsi dalla necessità della preghiera. Cristo stesso ne comprese l'importanza e pregava spesso. Vedete, la preghiera è la cosa che rende reale la nostra fede. Ci porta dalla semplice conoscenza della testa al vivere la fede cristiana. Alcune persone pregano spesso - e per lunghi periodi di tempo, ma per altri si tratta di preghiere piccole, brevi, di una riga - mentre svolgono la loro giornata. Tuttavia, entrambi i tipi di persone comprendono l'importanza di pregare regolarmente.

Grande idea: _la preghiera è fondamentale e dovrebbe essere fonte di ispirazione quando si prega come un vero discepolo_

Il brano che stiamo studiando oggi è tra l'incontro tra Gesù e i suoi discepoli riguardo alla preghiera. Tutti erano stati influenzati e avevano sperimentato Gesù che pregava quotidianamente e in vari modi e con varie richieste. (v. 1). Così, dopo aver finito un giorno, i suoi discepoli chiedono di essere istruiti sulla preghiera. (v.1.) Avevano anche sperimentato Giovanni Battista pregare, oltre a insegnare ai suoi seguaci. Ci deve essere stato qualcosa di convincente nel vedere Gesù pregare, altrimenti probabilmente non l'avrebbero chiesto. Se ci pensate: sono cresciuti andando in sinagoga, quindi avevano visto persone pregare spesso. Significa che non era estraneo a loro. Anzi, probabilmente erano abituati a preghiere lunghe e altisonanti!

Andare Più a Fondo – Un Devozionale di 30 Giorni

Intuizione: *Prendi in considerazione l'idea di avere una vita di preghiera che gli altri vogliono emulare. Probabilmente è una delle cose più incoraggianti che dimostra che la nostra vita di preghiera, se fatta correttamente, può ispirare gli altri ed essere contagiosa.*

Una delle preghiere più popolari nelle Scritture è quella che è conosciuta come il Padre Nostro. Che è esattamente ciò che Cristo scelse di insegnare ai Suoi discepoli quando gli fu chiesto di essere istruito come fu insegnato ai discepoli di Giovanni Battista. (v. 2). *Tuttavia*, dare un modello o uno standard per la preghiera in contrapposizione alla preghiera vera e propria deve essere letterale. Nel versetto 2 dice: *"Padre, sia santificato il tuo nome"*, *1* mostrando che dovremmo ricordare chi stiamo aspettando quando preghiamo. *"Venga il tuo regno"*, il che implica che dovremmo desiderare ardentemente che il regno di Dio si realizzi qui sulla Terra durante la nostra vita. E la preghiera dovrebbe essere anche per la provvista quotidiana nella vita, (v.3), quando dice: *"Dacci oggi il nostro pane quotidiano"*. Così come il perdono quando falliamo noi, o gli altri ci deludono. Nel versetto 4 si dice: *"Rimetti a noi i nostri peccati, perché anche noi li rimettiamo a chiunque pecca contro di noi"*. *1* Oltre a pregare per avere forza contro la tentazione della vita (v. 4).

Mi è stata insegnata la stessa preghiera in giovane età. Ho sempre saputo le parole, ma sembrava che mancasse qualcosa nella recita del Padre Nostro. Lo schema reale che c'era dietro sembrava essere stato sostituito dalla ripetizione delle sole parole.

John Bradford, il riformatore inglese, prebendario di San Paolo e martire, disse che, quando era in preghiera, non gli piaceva mai alzarsi dalle ginocchia fino a quando non cominciava a sentire qualcosa di spezzato nel cuore. «Salite dunque nella vostra camera,.........se volete avere uno spirito spezzato e contrito e non uscirne finché non l'avete». *numero arabo*

Sfida: *Com'è la mia vita di preghiera attualmente? Trascorro regolarmente del tempo davanti al trono di Dio, o no? Come posso continuare a crescere nella preghiera?*

Pregare: *Chiedere a Dio di prolungare la mia vita di preghiera, in modo che io possa sperimentarlo in un modo nuovo...*

Andare Più a Fondo – Un Devozionale di 30 Giorni

Andando più a fondo:

Il termine greco padre usato nel Nuovo Testamento è comprensibile al pubblico che Luca stava raggiungendo inizialmente. Tuttavia, il termine Abba era probabilmente più noto. Abba era di origine aramaica e si diceva che fosse un termine affettuoso e di intimità. Quindi, per usare Gesù, potrebbe aver detto che possiamo venire liberamente e abbandonarci davanti a Dio Padre quando portiamo le nostre richieste. Anche il *Commentario del Nuovo Testamento di Zondervan Illustrated Bible Backgrounds* affronta il fatto che: *"Mentre è stato comunemente detto che Abba è un termine per bambini che significa "papà", questo non è del tutto corretto, dal momento che anche gli adulti ebrei si rivolgevano ai loro genitori in questo modo. Abba era, tuttavia, un termine di notevole intimità. Mentre gli ebrei a volte si riferivano a Dio come "il nostro Padre celeste", raramente, se non mai, si rivolgevano a lui come "mio padre" o "padre" (Abbà). Gesù chiama i suoi seguaci a una nuova intimità con Dio attraverso la sua relazione unica con il Padre". 3*

Devozione scritta dal pastore Frank e Samuel Gervasi

1. Nuova Versione Internazionale (NIV), Sacra Bibbia, ® Copyright ©1973, 1978, 1984, 2011 di Biblica, Inc. ® Utilizzato con autorizzazione. Tutti i diritti riservati in tutto il mondo.
2. Sermon Central Contributor, www.sermoncentral.com, consultato il 20/03/2025
3. Zondervan Sfondi biblici illustrati Commento del Nuovo Testamento, Copyright © 2002

Andare Più a Fondo – Un Devozionale di 30 Giorni

#5 - Fidati E Obbedisci
Leggi: *Genesi 22:1-18*

"Così, Abramo chiamò quel luogo Il Signore provvederà. E fino ad oggi è detto: 'Sul monte del Signore sarà provveduto'". **Genesi 22:14, CEI**

A volte, l'obbedienza è costosa e sfida la logica. Durante l'assedio prussiano di Parigi alla fine del 1800, c'era un artigliere in uno dei forti francesi di nome Pierre Barlot. Un giorno, Pierre era in piedi vicino al suo fucile quando il generale Noel, il suo comandante, gli disse: *"Artigliere, vedi il ponte di Sèvres laggiù?"* «*Sì, signore.*» «*E quella piccola baracca in un boschetto di arbusti a sinistra del ponte?*» «*Lo vedo, signore*» disse Pierre. «*È piena di prussiani, credo; Provalo con una conchiglia".* Pierre impallidì come un fantasma. Puntò attentamente il suo cannone, poi sparò e fece saltare in aria la capanna. Il comandante Noel lodò Pierre per la sua abilità di tiro, ma fu sorpreso di vedere una sola lacrima scorrere lungo la guancia dell'artigliere. «*Che succede, amico?*» «*Mi scusi, generale*», disse Pierre, «*era la mia casa, tutto ciò che avevo al mondo*». 1

Grande idea: la *fede in Dio, dimostrata da un'obbedienza deliberata e completa, sarà sempre ricompensata a tempo debito.*

Dio comandò ad Abramo di mostrare una fede altrettanto profonda in quello che alcuni hanno chiamato l'"esame finale" di Abraamo. Non ci fu alcun attenuamento del colpo quando Dio parlò chiaramente ad Abramo nei versetti 2-3: *"'Prendi tuo figlio, il tuo unico figlio, che tu ami – Isacco – e... sacrificalo lì come olocausto'".*

Non dimenticate come tutto ciò che Dio aveva promesso ad Abramo riguardo alla sua discendenza si sarebbe adempiuto attraverso Isacco. Isacco stesso fu un miracolo, considerando l'età in cui Abramo e sua moglie Sara lo diedero alla luce. Allora Dio sta chiedendo ad Abramo di sacrificare il bambino che era il vero adempimento della Sua promessa anni prima.

Andare Più a Fondo – Un Devozionale di 30 Giorni

Questo non suona, ai nostri giorni, come un buon consiglio paterno. In effetti, potresti ricevere una visita dai servizi per le famiglie per l'educazione dei bambini come questa! Eppure, Abramo risponde con un'obbedienza deliberata, decisa e completa. Nota che Abramo si alzò «di buon'ora il mattino seguente» (v. 3). Abramo non indugiò a fare ciò che Dio gli aveva detto, fu rapido e deciso a fidarsi e ad obbedire dal momento in cui Dio gli disse di sacrificare Isacco, suo figlio!

Intuizione: *La fede e l'obbedienza sono inseparabili: non si può pretendere di prendere Dio in parola se non si è disposti a fare ciò che Dio ha detto. Quando diciamo di avere fede in Dio, dobbiamo obbedire ai Suoi comandamenti.*

Inoltre, Abramo viene messo alla prova per la sua fede in questo passaggio. Egli crede in Dio nella Sua Parola e si fida pienamente di Lui, e, in risposta, Dio ricompensa Abramo per la sua fede. In primo luogo, Dio fornisce una via d'uscita dalla situazione difficile fornendo un montone in un boschetto *"preso per le corna"* (v. 13) da sacrificare al posto di Isacco. All'ultimo momento, quando Abramo sta per andare fino in fondo con l'inimmaginabile, Dio gli fornisce una via d'uscita.

Poi, finalmente, Dio stesso ricompensa la fedeltà di Abramo rinnovando l'alleanza nei versetti 16-18: *"'Io giuro per me stesso", dice l'Eterno, che perché tu hai fatto questo e non lo fai.*
trattennero tuo figlio, il tuo unico figlio, certamente ti benedirò e renderò la tua discendenza numerosa come le stelle nel cielo… e per mezzo della tua progenie tutte le nazioni della terra saranno benedette, perché tu mi hai ubbidito'".

Dio potrebbe non chiederci mai di confidare in Lui per qualcosa di così grande. Ma chiede a tutti noi, in vari momenti, di confidare in Lui per qualcosa. E la fede completa, provata dall'ubbidienza, sarà sempre ricompensata a suo tempo.

Sfida: *In che cosa Dio mi chiede di avere fede? Come posso crescere nella fiducia e ubbidendo a Dio?*

Pregare: *Chiedere a Dio di aiutarmi a fidarmi di Lui, indipendentemente dalle circostanze, e di obbedire pienamente, non importa quanto sia difficile.*

Andare Più a Fondo – Un Devozionale di 30 Giorni

In Ebrei 11, la Sala della Fede, Abramo è uno di coloro che sono lodati per la sua fede nei versetti 17-19: *"Per fede Abramo, quando fu messo alla prova, offrì Isacco; e colui che ricevette le promesse offriva il suo unigenito Figlio; a lui fu detto: 'In Isacco sarà chiamata la tua discendenza'. Chi ha considerato che Dio può risuscitare gli uomini anche dai morti".*

La **NIV Study Bible** dice riguardo a questi versetti:
"Se hai paura di affidare a Dio il tuo bene, sogno o persona più preziosa, presta attenzione all'esempio di Abramo. Poiché Abramo era disposto a rinunciare a tutto per Dio, ricevette in cambio più di quanto avrebbe potuto immaginare".
numero arabo

Devozione scritta dal pastore Frank e Samuel Gervasi

1. Ministry127, https://ministry127.com/resources/illustration/the cost-of-obedience, consultato il 25/08/2024.
2. Zondervan NIV Life Application Study Bible. Ronald A Beers, gen. ed. Zondervan. Diritto d'autore 2011

Andare Più a Fondo – Un Devozionale di 30 Giorni

#6 - Il Perdono Non è Facoltativo
Leggi: *Matteo 18:21-35*

_____

"Allora Pietro si avvicinò a Gesù e gli disse: 'Signore, quante volte perdonerò al mio fratello o alla mia sorella che ha peccato contro di me? Fino a sette volte?'"
Matteo 18:21

_____

Poco prima di Pasqua del 2009, Fred Winters, pastore della First Baptist Church di Maryville, Illinois, è stato ucciso a colpi di arma da fuoco durante una funzione domenicale da un giovane disturbato. La tragedia ha sconvolto la chiesa e la famiglia del pastore, ma non ha distrutto la loro fede. La settimana successiva Cindy Winters, rimasta appena vedova, fu intervistata in un telegiornale nazionale. Quando le è stato chiesto dell'assassino di suo marito, ha detto: *"Non ho alcun odio e nemmeno rancore nei suoi confronti. Abbiamo pregato per lui".* **1** Potremmo non dover mai perdonare qualcuno per qualcosa di così tragico, ma ***TUTTI*** siamo chiamati a perdonare prima o poi.

_____

Grande idea: *il perdono non è facoltativo e costoso e richiederà qualcosa da parte nostra per perdonare gli altri quando ci hanno ferito.*

_____

Nel brano biblico di oggi vediamo una parabola in cui Pietro pone a Gesù una domanda importante riguardo al perdono. *"Allora Pietro si avvicinò a Gesù e gli disse: 'Signore, quante volte perdonerò al mio fratello o alla mia sorella che ha peccato contro di me? Fino a sette volte?'"* (v. 21). Anche se sembra una domanda semplice, potrebbe essere stata radicata in ciò che veniva insegnato in quei tempi. L'insegnamento principale riguardo l'argomento da parte dei leader ebrei di quel tempo era tradizionalmente fino a tre volte che una persona doveva essere perdonata per adempiere la Legge mosaica.

Quindi, per Peter chiedere fino a sette volte, potrebbe essere stato un modo per sembrare *ultra-spirituale* davanti al suo mentore. Tuttavia, Gesù alza l'asticella

Andare Più a Fondo – Un Devozionale di 30 Giorni

per i Suoi seguaci dando un numero così grande. Nel versetto 22 si dice che *"Gesù rispose: 'Io vi dico, non sette volte, ma settantasette volte'".* Che era un numero ancora più grande di quello che molti erano abituati a sentire. Sottintendendo che Dio non vuole che teniamo traccia di quanto spesso perdoniamo gli altri.

Inoltre, un altro aspetto riguardante il perdono è che di solito ci costerà qualcosa quando una persona fa la scelta di perdonare un'offesa. Che si tratti solo del costo finanziario di un debito reale, o di un debito emotivo per essere ferito.

Nella parabola Gesù racconta di un re che voleva fare i conti con un servo che gli doveva circa vent'anni di salario da lavoratore a giornata e non poteva pagarlo (versetti 23-24). Tuttavia, quando il servo non poté pagare il debito e pregò il re di condonare il debito, fu rilasciato. (v. 25).

––––––––

Intuizione: *Il perdono costerà qualcosa a una persona e dovremmo ricambiare agli altri come il nostro Padre celeste ci perdona – evitando l'ipocrisia...*

––––––––

Quando il servo si trovava in una situazione simile, per una somma ancora minore, non perdonava la persona che gli era in debito. Poi, andò e lo fece gettare in prigione fino a quando il debito non fosse stato pagato, versetti 28-30. *"Ma quando quel servo uscì, trovò uno dei suoi conservi che gli doveva cento monete d'argento...... «Restituisci quello che mi devi!» domandò.* "Ma lui ha rifiutato. Andò invece e fece gettare quell'uomo in prigione finché non avesse potuto pagare il debito'" (v. 28, 30). Gesù ha pagato il prezzo del nostro perdono con l'alto prezzo della morte su una croce. Dovremmo anche ricambiare e perdonare gli altri! C'è un detto che ho visto una volta, e dice: *"Ciò che distingue i cristiani dal mondo è l'obbligo e la costrizione a perdonare".* (Sconosciuto)

––––––––

Sfida: *Chi devo perdonare per un'offesa? Sto tenendo il conto di quando qualcuno mi fa un torto?*

Pregare: *Chiedere a Dio di aiutarci a perdonare, indipendentemente dalle circostanze e dal numero di volte in cui siamo stati feriti.*

––––––––

Andando più a fondo:

Andare Più a Fondo – Un Devozionale di 30 Giorni

Nel *Talmud,* che era l'insegnamento rabbinico centrale per l'ebraismo, si istruiva che le persone dovevano perdonare fino a tre volte. Tuttavia, dopo di ciò non c'era più l'obbligo di perdonare un altro individuo. Almeno in ciò che era richiesto quando si ubbidiva alla Legge mosaica.

La **NIV Grace and Truth Study Bible** dice: *"Nel giudaismo, perdonare qualcuno tre volte era sufficiente per mostrare uno spirito di perdono (Giobbe 33:29-30; Am 1:3). Il suggerimento di Pietro per sette volte dimostra generosità. La risposta di Gesù non riguarda un numero specifico, ma è un'istruzione a perdonare senza tenere il conto. Lo illustra con una parabola in cui un servo ha un debito incalcolabile con il suo re, almeno 2,5 miliardi di dollari in termini odierni. Il punto è l'immensità del debito e l'impossibilità di ripagarlo. Il re ordina che il servo e tutti i suoi averi siano venduti come schiavi del debitore, una pratica comune nel mondo antico che era concepita sia come punizione che come mezzo di ricompensa (cfr 2Re 4:1; Ne 5:4–8)".* **2** Inoltre, alcune versioni della Bibbia dicono settantasette volte, che è un numero elevato, anche molto più generoso delle sette volte suggerite da Pietro. Tuttavia, alcuni manoscritti suggeriscono che fosse settanta volte sette, cioè quattrocentonovanta volte.

Devozione scritta dal pastore Frank e Samuel Gervasi

---

1. Ministry127, https://ministry127.com/resources/illustrations/forgiveness, consultato il 20/03/2025.
2. NIV Grace and Truth Study Bible, Copyright © 2021 di Zondervan, 2011, BibleGatewayPlus, , www.biblegateway.com, come consultato il 20/03/2025.

Andare Più a Fondo – Un Devozionale di 30 Giorni

#7 - Preghiera Duratura
Leggi: **_Luca 18:1-8_**

""Chiedete e vi sarà dato; cercate e troverete; bussa e la porta ti sarà aperta"'.
Matteo 7:7, CEI

Un pescatore era in mare con i suoi compagni empi quando si alzò una tempesta che minacciò di affondare la loro nave. I suoi amici lo pregavano di pregare; ma lui disse: *"È passato molto tempo dall'ultima volta che l'ho fatto o che non sono entrato in una chiesa".* Alla loro insistenza, tuttavia, alla fine gridò: *"O Signore, non ti ho chiesto nulla in 15 anni, e se Tu ci aiuti ora e ci porti sani e salvi a terra, ti prometto che non Ti disturberò di nuovo per altri 15!"* Purtroppo, molte persone vedono la preghiera come un meccanismo di fuga piuttosto che una linea costante di comunicazione con Dio. *1* La preghiera è necessaria per la nostra relazione con Dio. Tuttavia, quando la risposta tarda ad arrivare, dovremmo continuare a pregare.

Grande idea: *Dovremmo essere persistenti nella preghiera e non arrenderci mai anche quando la richiesta richiede molto tempo per essere esaudita*

Il passaggio che stiamo guardando è tratto dal Vangelo di Luca. E in esso, Gesù insegnava la preghiera e come dovremmo perseverare nel tempo quando ne abbiamo bisogno. Così, lo fa raccontando una parabola per esprimere il suo punto di vista, che coinvolge un giudice ingiusto e una vedova. Quindi, ci sono anche molte variabili che entrano in gioco.

Primo, Gesù stava insegnando una parabola ai Suoi discepoli. Tuttavia, ovviamente parlando a tutte le persone che si definiscono seguaci di Cristo e leggerebbero questo. Inoltre, sappiamo anche che le parabole sono storie usate per insegnare la verità spirituale. Quindi forse sono accaduti, forse no, ma non ha molta importanza quando si tratta di applicarli alla nostra vita.

Andare Più a Fondo – Un Devozionale di 30 Giorni

Abbiamo visto che la storia conteneva alcuni personaggi principali, come un giudice, una vedova e un avversario senza nome. (vv. 1-3). Leggiamo nel versetto 2 *"Che c'era un giudice che non temeva Dio ----né si curava degli uomini".* Il che penso la dica lunga sulla mentalità di questo giudice, perché non sembrava davvero preoccuparsi di ciò di cui questa vedova aveva bisogno. Molto diverso dal nostro Dio perché è uno che si preoccupa *intimamente* di tutto ciò che ci riguarda sempre.

Tuttavia, qualcosa che penso risalti sia la richiesta della vedova. Perché Luca riporta il termine *"avversario".* Il versetto 3 dice: *"E in quella città c'era una vedova che veniva da lui con la supplica: 'Dammi giustizia contro il mio avversario'".* Una versione usa la parola *"avversario"* e questa è una parola interessante perché in realtà porta questa idea di un avversario proprio come in una causa legale. Il che spiega perché stava andando da un giudice in primo luogo: per cercare giustizia dal giudice ingiusto. (v.2) Tuttavia, il giudice non era equo e nemmeno si preoccupava delle persone in generale. *Allora perché questo giudice dovrebbe aiutare la finestra?* Indipendentemente dai dettagli, ha accolto la sua richiesta grazie alla sua persistenza e tenacia. (vv. 4-5) *"'Benché io non tema Dio né rispetto per gli uomini, 5 tuttavia, poiché questa vedova mi dà fastidio, le darò protezione legale, altrimenti venendo continuamente mi sfinirà'".* Quindi, **se** il giudice ingiusto concederà giustizia, quanto più Dio ascolterà le preghiere dei Suoi figli? Dio desidera ardentemente dare il meglio per i Suoi figli, quindi dovremmo venire liberamente e con abbandono davanti al Suo trono.

_____

Intuizione: *Dovremmo pregare con determinazione e perseveranza perché ci mantiene concentrati sul bisogno, soprattutto quando la risposta è lunga.*

_____

Ora potremmo non essere nel caso in cui abbiamo bisogno di un giudice per decidere un caso per noi, ma tutti abbiamo dei bisogni. Qualunque cosa sia, di solito c'è bisogno di perseveranza e sarebbe saggio essere persistenti nella preghiera. C'è un detto che ho sentito una volta e che dice così: *"Dovremmo pregare, poi pregare di più, e poi pregare ancora di più".* (Sconosciuto)

_____

Sfida: *Sono persistente nella preghiera? O mi arrendo facilmente quando si tratta di pregare?*

Pregare: Chiedere a Dio di darci la perseveranza di cui abbiamo bisogno per pregare a lungo termine quando necessario.

_____

Andare Più a Fondo – Un Devozionale di 30 Giorni

Andando più a fondo:

Considera la vedova della parabola perché si diceva che fosse molto bisognosa in quel tempo e in quella cultura. Molto diverso da oggi perché le vedove sono molto indipendenti e fanno molte cose per se stesse. In effetti, oggi abbiamo vedove che si prendono cura di se stesse e sono indipendenti in molti casi. Tuttavia, a quel tempo le vedove erano molto dipendenti dagli altri, proprio come nella parabola. Una fonte dice: *"La vedova era una persona indifesa che non aveva nient'altro che il diritto di stare dalla sua parte. Voleva giustizia, non vendetta".* *(ESV Reformation Study Bible, Ligonier, 2015)* Inoltre, **The Expositor's Bible Commentary** dice: *"Il tema è quello della rivendicazione del popolo incompreso e sofferente di Dio. Il popolo di Dio ai tempi dell'AT aveva bisogno di "aspettare" Dio mentre operava la giustizia con apparente lentezza (vedi Salmo 25:2-3). Negli ultimi giorni i martiri attendono la vendetta (Apocalisse 6:9-11). Nel frattempo lottiamo con il problema del male e con le questioni della teodicea. In queste circostanze dovremmo "pregare sempre e non arrenderci".* ***numero arabo***

Devozione scritta dal pastore Frank e Samuel Gervasi

---

1. Ministry127, https://ministry127.com/resources/illustrations/prayer, consultato il 20/03/2025
2. Commento biblico dell'espositore (edizione abbreviata): Nuovo Testamento Copyright 2004., Bible Gateway Plus, www.biblegateway.com, consultato il 20/03/2025

Andare Più a Fondo – Un Devozionale di 30 Giorni

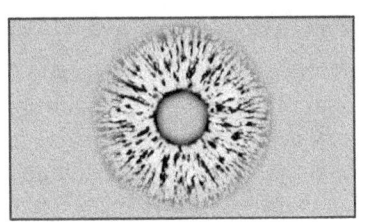

#8 - Occhio Nel Cielo
Leggi: *Salmo 121*

_____

"L'Eterno veglierà sul tuo andare e venire, ora e per sempre". **Salmo 121:8, CEI**

_____

Il salmone reale, noto anche come salmone Chinook, conduce una vita incredibile. Dopo aver trascorso la maggior parte della loro vita nell'oceano, i salmoni Chinook intraprendono una migrazione di ritorno verso gli stessi corsi d'acqua dolce dove sono nati per deporre le proprie uova. Questo viaggio copre spesso diverse migliaia di miglia e richiede al salmone di nuotare contro la forte forza della corrente. Eppure, ogni anno, migliaia di persone possono essere viste nuotare in una roulotte per tornare nel luogo in cui sono nate.

Gli israeliti spesso facevano un viaggio altrettanto difficile, anche se più breve. Ogni anno gli Israeliti salivano da tutte le loro città e villaggi al tempio di Gerusalemme per le feste annuali. La strada era spesso lunga e difficile, e lungo il percorso c'erano pericoli dovuti al tempo inclemente, agli animali selvatici e ai banditi. Durante questo viaggio, era consuetudine per i viaggiatori cantare un "canto di ascesa" – uno dei 14 salmi appositamente progettati per questi viaggiatori, incluso il nostro salmo di oggi.

_____

Grande idea: *la cura vigile di Dio è affidabile, fatta su misura e motivata dall'amore.*

_____

La dipendenza del salmista da Dio durante questo viaggio è chiara nei versetti 1-2: *"Alzo gli occhi verso il monte: da dove viene il mio aiuto? Il mio aiuto viene dal Signore, che ha fatto il cielo e la terra".* Si noti che il Salmista non dipende dalla propria conoscenza come fonte di forza; non si rivolge al denaro né ripone la sua fiducia in un funzionario governativo. Lo scrittore è fiducioso e convinto che il suo

Andare Più a Fondo – Un Devozionale di 30 Giorni

aiuto provenga dal Dio Vivente, il, "...*Creatore del cielo e della terra*". Vediamo tre ragioni per la sua fiducia. Per prima cosa, il Salmista sa che l'assistenza di Dio è affidabile, come vediamo nel versetto 3: *"Egli non lascerà vacillare il tuo piede; chi ti guarda non sonnecchierà..."* Questa è una grande immagine, se ci pensate, perché le persone si stancano e si esauriscono, e i nostri corpi sono fatti per aver bisogno di riposo. Ma Dio non è limitato dalle stesse restrizioni. Non si stanca mai (Isaia 40:28-31); La sua cura è affidabile e non manca mai!_____

Intuizione: Quando Dio veglia su una persona, provvede esattamente ciò di cui ha bisogno nella vita, perché nulla è nascosto alla Sua vista. Conosce ogni dettaglio della nostra vita; pertanto, possiamo confidare nella Sua vigile cura.

_____

Il Salmista riconosce anche che la cura di Dio è fatta su misura. Nel versetto 5, il Salmista fa la distinzione che *"l'Eterno veglia su di te*...Implicando che la cura di Dio è specifica per noi e per la nostra vita.

Poi, infine, lo scrittore si fida della cura di Dio perché è motivata dall'amore. Guardate di nuovo il versetto 8: *"L'Eterno veglierà sul vostro andare e venire ora e per sempre".* L'ho già sentito dire in questo modo: "La cura di Dio per noi è più vigilante e più tenera di quanto possa essere qualsiasi padre umano... e **nulla** può cambiare il Suo amore per te!" L'amore di Dio non si indebolisce né svanisce mai e veglierà su di noi per sempre. Molte persone si rivolgono a molte cose diverse per trovare forza e conforto nella vita. Alcuni sono validi e hanno senso, mentre altri no. Ma noi, come figli di Dio, abbiamo il posto migliore a cui rivolgerci quando la vita si fa dura o ci troviamo in una situazione confusa. Il Dio dell'universo si prende intimamente cura di noi e ha il Suo occhio su di noi.

_____

Sfida: A chi mi rivolgo quando ho bisogno di assistenza? Come posso imparare a fidarmi della cura di Dio nella mia vita?

Pregare: Chiedere a Dio di aiutarmi a fidarmi dell'aiuto che mi fornisce e di non fare affidamento sulla mia comprensione o forza...

_____

Andando più a fondo:

Andare Più a Fondo – Un Devozionale di 30 Giorni

Molti credono che questo salmo sia stato scritto dal re Ezechia, il 13° sovrano del regno meridionale di Giuda nell'Antico Testamento. Durante tutto il suo regno, Ezechia fu responsabile di una riforma spirituale a livello nazionale, perché era diventato un popolo che era diventato apatico verso le cose di Dio. La guida di Ezechia scatenò un risveglio nazionale, quando il popolo riaprì le porte del Tempio e mise da parte i propri idoli. Si diceva che Ezechia avesse una stretta relazione con Dio, il che penso sia evidente perché si può dire che si affidava completamente a Dio per l'aiuto, proprio come dovremmo fare noi!

Il *Bible Knowledge Commentary* dice questo riguardo ai canti di ascesa: *"Il titolo 'canto di ascesa' identifica ciascuno dei Salmi 120-134 come un canto di pellegrinaggio da cantare quando gli Israeliti 'ascesi' (salivano) a Gerusalemme per le feste annuali. Quattro di questi 15 salmi sono attribuiti a Davide (Sal. 122; 124; 131; 133), 1 a Salomone (Sl. 127) e gli altri 10 sono anonimi. ... Il fermo-salmista [nel Salmo 121], mentre contemplava il suo cammino attraverso le colline fino a Gerusalemme, chiese da dove venisse il suo aiuto. Trovò la risposta alla sua domanda nell'affermazione della sua fede che il Signore, che creò il cielo e la terra – con quei colli – era la sua unica fonte di aiuto".* **1**

Devozione scritto dal pastore Frank e Samuel Gervasi

---

1.   Walvoord, John F. e Roy B. Zuck, Salmo 120,-A. Contemplazione del viaggio, The Bible Knowledge Commentary, SP Publications, Inc., 1985, pp. 882-883.

Andare Più a Fondo – Un Devozionale di 30 Giorni

#9 - "Grazia In Azione"
Leggi: *Giovanni 8:1-11*

"Ed essi, insistendo nel chiederglielo, egli si alzò e disse loro: 'Chi di voi è senza peccato, scagli per primo contro di lei la pietra'". **Giovanni 8:7, CEI**

Una volta ho sentito la storia di un pastore che, una domenica mattina, ha trovato le strade che portavano alla sua chiesa bloccate. A causa di questo ostacolo inaspettato, è stato costretto a pattinare sul fiume per arrivarci. Quando arrivò, gli anziani della chiesa rimasero inorriditi nell'apprendere che il loro predicatore aveva pattinato la domenica, il giorno del Signore!. Dopo la funzione hanno tenuto una riunione in cui il pastore ha spiegato che o si andava in chiesa o non si andava affatto. Dopo una pausa, un anziano chiese: "Ti è piaciuto?" Quando il predicatore rispose: "No", il consiglio lo scagionò dall'accusa. *1*

Nel nostro brano di oggi, troviamo un gruppo di farisei similmente legalisti che portano davanti a Gesù una donna sorpresa in adulterio. Dal versetto 6, apprendiamo che *"Stavano usando questa domanda per prenderlo in trappola..."*, e fargli dire qualcosa che avrebbe screditato la Sua reputazione. Invece, Cristo ha risposto con saggezza e ha modellato per noi la mentalità che dovremmo avere quando si tratta di grazia.

Grande idea: *la grazia guarda oltre la lettera della legge al cuore di una persona, portando perdono, restaurazione, convinzione e cambiamento.*

Gli accusatori della donna adultera erano *"i dottori della legge e i farisei"* (v. 2), entrambi i quali si sforzarono di seguire la Legge mosaica. In effetti, questi capi

Andare Più a Fondo – Un Devozionale di 30 Giorni

religiosi avevano ragione in ciò che la Legge mosaica prescriveva riguardo alla punizione per l'adulterio (v. 5). Tuttavia, hanno completamente gettato la misericordia e la compassione fuori dalla finestra nel processo, e le loro vere intenzioni dietro questo episodio erano disoneste ed egoistiche.

Ma mentre i capi religiosi condannavano la donna per il suo fallimento, Gesù risponde con grazia: *"Quando insistevano a chiederglielo, egli, alzatosi, disse loro: 'Chi di voi è senza peccato, scagli per primo contro di lei la pietra'".* (v. 7)

Non doveva fare molto, vero? La stessa domanda di Gesù convinse i capi religiosi e li indusse a valutare la propria vita. E in risposta, *"... cominciarono ad andarsene uno dopo l'altro..."* (v. 9), poiché nessuno dei presenti poteva affermare di non aver mai sinned.

Intuizione: **La grazia non solo ci perdona e ci perdona, ma ci induce a perseguire una vita santa. Quando comprendiamo il potere della grazia, non vogliamo abusarne in alcun modo. La grazia dovrebbe sempre produrre cambiamenti e condurci a qualcosa di migliore.**

Alla fine, rimasero solo Gesù e la donna. Nota come non le ha urlato contro o attaccato. Non ha chiesto: "Cosa c'è che non va in te? Non posso credere che tu sia caduto di nuovo!" Invece, *"... Gesù disse: 'Io non vi condanno neanche. Andare. D'ora in poi non peccare più'".* (v. 11) Alcune versioni lo traducono così: *"'Allora neppure io ti condanno. Va' ora e **lascia la tua vita di peccato**'"*. È stata la grazia mostrata quel giorno che probabilmente ha cambiato quella donna per sempre!

Lo stesso vale per noi. In definitiva, è la grazia che Dio ci ha mostrato che ci assolve dalle nostre malefatte, ci perdona, ci dà forza e ci spinge a cambiare. E poiché ci è stato mostrato gratuitamente, dovremmo mostrarlo anche agli altri! Ho sentito una persona dire così: *"Le persone che tendono ad essere le più gentili sono quelle che sanno quanto hanno bisogno della grazia".* Sconosciuto

---

Sfida: **Come posso vedere il potere della grazia che provoca cambiamenti nella mia vita? Come posso crescere nella grazia?**

Andare Più a Fondo – Un Devozionale di 30 Giorni

Pregare: Ringraziando Dio per la grazia che mi ha mostrato e pregando per ricevere aiuto per mostrare quella grazia agli altri...

Andando più a fondo:

Warren Wiersbe una volta ha detto questo:

"Non dobbiamo fraintendere questo evento nel senso che Gesù era indulgente con il peccato o che contraddiceva la legge. Per Gesù perdonare questa donna significava che un giorno doveva morire per i suoi peccati. Il perdono è gratuito, ma non è economico. Inoltre, Gesù adempì perfettamente la legge in modo che nessuno potesse giustamente accusarlo di opporsi ai suoi insegnamenti o di indebolire il suo potere...

La legge è stata data per rivelare il peccato (Romani 3:20), e noi dobbiamo essere condannati dalla legge prima di poter essere purificati dalla grazia di Dio. La legge e la grazia non sono in competizione, ma si completano a vicenda. Nessuno è mai stato salvato osservando la legge, ma nessuno è mai stato salvato per grazia se non è stato prima incriminato dalla legge. Ci deve essere convinzione prima che ci possa essere conversione". numero arabo

---

Devozione scritta dal pastore Frank e Samuel Gervasi

---

1. Today in the Word, Moody Publishers, dicembre 1989, p. 12
2. Warren Wiersbe, Diritti d'autore © Warren W. Wiersbe.

Andare Più a Fondo – Un Devozionale di 30 Giorni

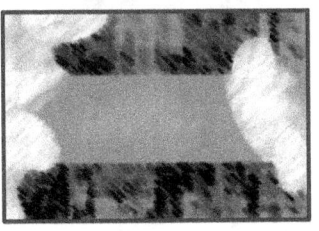

#10 - Imparare A Parlare Con Saggezza?
Leggi: *Giacomo 3:1-12*

"Perché se potessimo controllare la nostra lingua, saremmo perfetti e potremmo anche controllarci in ogni altro modo". **Giacomo 3:2b, CEI**

Un marito e una moglie raccontano una storia su come di recente si sono *"seduti a mangiare in un ristorante locale"*. E il marito, *"era andato in bagno e quando il cameriere è venuto a prendere i nostri ordini da bere, mia moglie ha detto: 'Avremo entrambi dell'acqua e io prenderò del tè freddo. Non so cosa berrà'. Il cameriere ha risposto: 'Allora, cosa farà con l'acqua?'"* **1**

Le nostre parole sono potenti e possono essere usate in modo positivo ma anche negativo, causando danni se non si fa attenzione. Nel nostro brano di oggi, nel libro di Giacomo. È uno di quelli in cui confronta il nostro discorso con tre cose diverse, un fuoco, una nave e un cavallo. E ognuno ha qualcosa in comune, una piccola cosa che ha un grande effetto.

Grande idea: *il nostro discorso è potente! –Quindi, dovremmo usare cautela quando parliamo.*

Anche se la nostra lingua è una piccola parte del nostro corpo, le nostre parole possono avere grandi effetti, non è vero? E possiamo usarli per il bene o possiamo permettere loro di distruggere e ferire altre persone. Abbiamo visto nel versetto 5: *"Così anche la lingua è un piccolo membro e vanta grandi cose"*.

Anche se Giacomo usa la parola lingua, si riferisce ovviamente al nostro modo di parlare, alle parole che diciamo e alle cose che escono dalla nostra bocca. Ciò

Andare Più a Fondo – Un Devozionale di 30 Giorni

che esce dalla nostra bocca quando interagiamo con coloro che ci circondano, --- importante per Dio.

Giacomo descrive la nostra lingua come qualcosa di piccolo ma potente nei versetti 5b-6: *"Una piccola cosa che fa grandi discorsi. Ma una piccola scintilla può incendiare una grande foresta".* Penso che sia un'immagine eccellente quando parla del nostro discorso. Perché alcuni degli incendi boschivi più grandi e distruttivi del mondo sono iniziati tutti con una scintilla.

Intuizione: **Anche se è difficile, il nostro linguaggio dovrebbe essere padroneggiato, in modo da poter vivere con saggezza!**

Tuttavia, anche se è difficile, non possiamo usarlo come scusa perché Dio vuole ancora che usiamo la nostra parola in un modo che Lo onora. Quindi, dobbiamo imparare a disciplinare il nostro linguaggio, indipendentemente dalla difficoltà.

Se guardiamo a partire dal versetto 7, Giacomo paragona il nostro discorso a tutti i vari animali che sono stati addomesticati dall'uomo. Tuttavia, il nostro discorso è molto difficile da padroneggiare. *"Poiché ogni specie di bestie e di uccelli, di rettili e di creature marine, è addomesticata ed è stata addomesticata dal genere umano. Ma nessuno può domare la lingua; è un male irrequieto e pieno di veleno mortale".*

Dio si preoccupa di come usiamo la nostra parola e le nostre parole dovrebbero essere controllate perché sono potenti. Quindi, dovremmo imparare a usare il nostro modo di parlare in modi che rafforzino gli altri e li incoraggino. Ho sentito una persona dire: *"Puoi riconoscere il carattere di una persona dalle parole che usa!"* (sconosciuto)

Sfida: **Come posso usare il mio discorso per edificare gli altri e non per abbattere? Come posso parlare in modo edificante?**

Pregare: **Ringraziando Dio per la capacità di usare la mia parola in modo buono. Chiedendo il potere di cui ho bisogno per padroneggiarlo....**

Andando più a fondo:

Andare Più a Fondo – Un Devozionale di 30 Giorni

Il termine *qui "perfetto"* nel versetto 2 non si riferisce all'assenza di colpa. Tuttavia, si tratta della *"maturità spirituale"* a cui i cristiani dovrebbero tendere. Anche le **Note della Bibbia per lo Studio della NIV** confermano ed espandono questa importante parola dicendo che se una persona potesse domare la propria lingua, molto probabilmente filtrerebbe anche in altre aree della sua vita.

"Poiché la lingua è così difficile da controllare, coloro che la controllano perfettamente acquisiscono il controllo di se stessi anche in tutti gli altri ambiti della vita. Giacomo indica che il completo controllo della lingua, se fosse possibile, renderebbe una persona 'perfetta'. Questo riflette lo stesso termine greco di 1:4, dove indica 'maturità'".

Anche se è difficile, dovremmo imparare a padroneggiare il nostro modo di parlare in un modo che aiuti e *non* ferisca gli altri. **Efesini 4:29** è lo standard che fu stabilito anche dall'apostolo Paolo quando dice: *"Non esca dalla tua bocca alcuna parola malsana, ma solo una parola che è buona per l'edificazione secondo il bisogno del momento, affinché dia grazia a quelli che ascoltano".* **numero arabo**

Devozione scritta dal pastore Frank e Samuel Gervasi

---

1. Speaker Stories, https://speakerstories.wordpress.com/2012/04/16/people-are-funny/, consultato il 20/03/2025.
2. Bibbia di studio NIV, Copyright © 1985, 1995, 2002, 2008, 2011 di Zondervan.

Andare Più a Fondo – Un Devozionale di 30 Giorni

#11 Fiducia in Dio
Leggi: **_Salmo 146:3-6_**

"Ma gioiosi sono quelli che hanno per aiuto il Dio d'Israele, la cui speranza è nel Signore loro Dio". *Salmo 146:5, CEI*

C'è la storia di un padre che è andato ad arrampicare su roccia con suo figlio, Zac. I due erano in campagna, arrampicandosi su alcune scogliere, quando il padre sentì una voce sopra di lui urlare: "Ehi papà! Prendimi!" Si voltò e vide Zac che saltava gioiosamente da una roccia dritto verso di lui. Era saltato per primo e poi aveva urlato "Ehi papà!" Le cose si trasformarono in un immediato spettacolo circense, quando il padre si mise in posizione per prenderlo. Entrambi sono caduti a terra. Quando il padre ritrovò la voce, sussultò per l'esasperazione: "Zac! Puoi darmi una buona ragione per cui l'hai fatto???" Rispose con notevole calma: "Certo... Perché tu sei mio padre". *1*

Tutti noi riponiamo la nostra fiducia in qualcuno o qualcosa. Molte volte scegliamo di fidarci delle altre persone, aspettandoci che si prendano cura di noi. In alcune situazioni, quella fiducia è ben riposta, come con Zac e suo padre. Ma altre volte riponiamo la nostra fiducia nelle persone sbagliate per le cose sbagliate. Come vedremo nella nostra devozione di oggi, c'è solo una Persona in cui dovremmo riporre la nostra massima fiducia. E dovremmo essere traboccanti di gratitudine quando ci rendiamo conto di quanto sia affidabile.

Grande idea: non dovremmo mai riporre la nostra fiducia nelle persone, ma piuttosto dare la nostra fiducia e adorazione a Dio.

La scorsa settimana, abbiamo visto come il Salmo 146 ci esorta ad adorare con gioia davanti a Dio, e in questi versetti, ora vediamo uno dei motivi per cui dovremmo dare a Dio quella lode: gli uomini vengono meno, ma Dio no. Guarda i

Andare Più a Fondo – Un Devozionale di 30 Giorni

vv. 3-4: *"Non riporre la tua fiducia nei potenti; Non c'è aiuto per te lì. Quando esalano l'ultimo respiro, tornano sulla terra e tutti i loro piani muoiono con loro".*

Possiamo vedere qualcosa chiaramente in questi versetti: Dio può essere degno della nostra adorazione, ma le persone non saranno mai all'altezza allo stesso modo. E questo sarà vero anche per la persona migliore, più saggia e più rispettabile che potremmo conoscere. Saranno sempre carenti, perché saranno sempre limitati nella misura in cui possono aiutarci.

———————————

Intuizione: la fiducia e la lode hanno una relazione simbiotica. Quando scegliamo di riporre la nostra fiducia in Dio, siamo spinti ad adorarLo. Allo stesso modo, quando adoriamo Dio anche nelle prove più dure, troviamo più facile avere fede nel Suo piano perfetto.

———————————

Il versetto 3 descrive *"persone potenti"* o alcune versioni dicono *"principi".* Tutti noi possiamo immaginare qualcuno che corrisponda a questa descrizione, qualcuno con influenza e status. Ciononostante, anche queste persone prima o poi ci deluderanno.

Ma non è una buona notizia sapere che Dio non ci deluderà mai? Guardate il contrasto tra i vv. 3-4 (che abbiamo letto prima) e i vv. 5-6: *"Ma gioiosi sono quelli che hanno per aiuto il Dio d'Israele, la cui speranza è nell'Eterno, nel loro Dio. Egli ha fatto il cielo e la terra, il mare e tutto ciò che è in essi. Mantiene ogni promessa per sempre".*

Anche le persone più fidate sulla terra non saranno all'altezza e ci deluderanno, ma noi serviamo l'inesauribile Dio degli eserciti. Come dovremmo reagire? Il salmista risponde con una lode giubilante! In tutto il resto del salmo, egli dimostra la sua gratitudine e gratitudine per la fedeltà e l'affidabilità del suo Re. Offriamo anche la nostra fiducia e il nostro affetto a Dio e scegliamo di riporre la nostra fiducia in Lui piuttosto che negli esseri umani fallibili. E adoriamo con gioia davanti al Signore!

———————————

Sfida: Dove ho riposto la mia fiducia? Di cosa ho bisogno per confidare in Dio oggi?

Pregare: Chiedere a Dio di aiutarmi a riporre la mia fiducia nella Sua natura infallibile e non nei semplici mortali, e ringraziarlo per l'insuperabile fedeltà

_____

Andando più a fondo:

Matteo Enrico, nel suo Commentario all'intera Bibbia, dice riguardo ai versetti 3-4: *"Si suppone che Davide abbia scritto questo salmo; ed egli stesso era un principe, un principe potente; In quanto tale, si potrebbe pensare... che egli stesso, essendo stato una così grande benedizione per il suo paese, fosse adorato, secondo l'uso delle nazioni pagane, che divinizzavano i loro eroi, che tutti venissero a confidare nella sua ombra e ne facessero il loro sostegno e la loro fortezza. 'No', dice Davide, 'non confidate nei principi (Sal. 146:3), né in me, né in nessun altro; non riponete in loro la vostra fiducia; Non aumentare le tue aspettative nei loro confronti. Non essere troppo sicuro della loro sincerità; Alcuni pensavano di saper regnare meglio sapendo dissimulare. Non siate troppo sicuri della loro costanza e fedeltà; È possibile che entrambi cambino idea e interrompano le loro parole". Ma anche se li supponiamo molto saggi e buoni come lo stesso Davide, tuttavia non dobbiamo essere troppo sicuri della loro capacità e della loro perseveranza, perché sono figli di Adamo, deboli e mortali. C'è davvero un Figlio dell'uomo nel quale c'è aiuto, nel quale c'è salvezza e che non verrà meno a quelli che confidano in lui".* **numero arabo**

_____

Devozione scritta dal pastore Frank e Samuel Gervasi

_____

1. Adattato da https://www.sermonillustrations.com/a-z/t/trust.htm; consultato il 20/11/2024
2. Commento di Matthew Henry su tutta la Bibbia, di pubblico dominio.

Andare Più a Fondo – Un Devozionale di 30 Giorni

Andare Più a Fondo – Un Devozionale di 30 Giorni

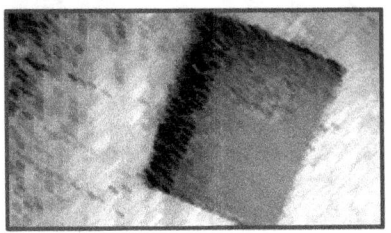

#12 - Il Libro Utile Di Dio

Leggi: *2 Timoteo 3:14-17*

"Tutta la Scrittura è ispirata da Dio ed è utile per insegnare, riprendere, correggere e addestrare nella giustizia,17 affinché il servo di Dio sia completamente preparato per ogni opera buona". **2 Timoteo 3:16-17, CEI**

"In Belgio un prete cattolico romano rimproverò una giovane donna e suo fratello per aver letto quel 'brutto libro' che indicava la Bibbia. ' Signor prete," rispose lei, "poco fa mio fratello era un fannullone, un giocatore d'azzardo, un ubriacone, e faceva tanto rumore in casa che nessuno poteva starci dentro. Da quando ha cominciato a leggere la Bibbia, lavora con l'industria, non va più all'osteria, non tocca più le carte, porta a casa i soldi alla sua povera vecchia madre, e la nostra vita a casa è tranquilla e piacevole. Come mai, signor prete, un cattivo libro produce frutti così buoni?'" 1

La Bibbia è trasformativa e può cambiare le persone in meglio. In effetti, è stato detto da alcuni che è un libro divinamente fortificato - non un libro qualsiasi - quindi può essere creduto pienamente. Questo è probabilmente vero per diverse ragioni, tuttavia, perché non si tratta solo di una grande opera letteraria, come potremmo vedere in un'università, o in una biblioteca, o anche in una libreria. Possiamo riporre la nostra fiducia nella sua affidabilità perché è più di un miracolo letterario, se non altro. Non ci può essere nulla di terreno in confronto ad esso, perché non è terreno nella sua origine.

Considerate che un gruppo di individui non si è seduto in un comitato e non ha nemmeno pianificato i sessantasei libri della Bibbia. Piuttosto, più di quaranta autori diversi hanno lavorato per un arco di sessanta generazioni e in tre continenti. Abbiamo visto nel versetto 16 che: *"Tutta la Scrittura è ispirata da*

Andare Più a Fondo – Un Devozionale di 30 Giorni

Dio". Portando questa idea che proveniva direttamente dalla bocca di Dio e parlando attraverso persone comuni di varia estrazione.

Grande idea: *la Bibbia è uscita dalla bocca di Dio, attraverso i singoli scrittori, affermando la sua usabilità....*

La Bibbia è anche un libro particolarmente *pertinente* con usi che portano alla crescita spirituale perché non è un libro utile solo per qualcosa di banale, o qualcosa solo per passare il tempo. È un libro che ha una funzione chiara, decisiva e importante, che è rilevante per tutte le cose. Tuttavia, è particolarmente utile per la questione nella crescita spirituale di chiunque.

Nel versetto 16 si dice: *"Tutta la Scrittura è ispirata da Dio ed è utile per insegnare, riprendere, correggere e addestrare alla giustizia"*.

Elenca chiari benefici o usi che derivano dalla parola di Dio che, anche se stava parlando a Timoteo, sono davvero per tutti, indipendentemente da chi siamo. Una versione usa la parola *"redditizio"* che mi piace, perché attira la tua attenzione più che *utile*. Il fatto che possiamo trarre profitto quando leggiamo la Bibbia è a dir poco incoraggiante. Amplia anche il versetto 16 quando dice: *"Insegnare, rimproverare, correggere"*. Tutte cose che sono necessarie nelle diverse stagioni della vita di un seguace di Cristo in molti casi.

Intuizione: *La Bibbia è utile per l'addestramento alla giustizia, affinché possiamo essere equipaggiati!*

Infine, non leggiamo la Bibbia non per acquisire informazioni o essere gonfi di conoscenza, ma per crescere nella fede, nella santità e nella purezza. Nell'ultima parte del v. 16 l'apostolo Paolo stava dando a Timoteo l'obiettivo finale della Bibbia, *"e l'addestramento nella giustizia"*. Il desiderio supremo di Dio per i Suoi figli è che tutti noi cresciamo in rettitudine e mettiamo in pratica ciò che impariamo. Probabilmente non c'è libro più rilevante per la cultura di oggi, anche se può sembrare diverso dalla cultura del giorno.

Andare Più a Fondo – Un Devozionale di 30 Giorni

Sfida: Quando potrei dedicare più tempo alla lettura della Parola di Dio? Come posso crescere in santità applicando la Bibbia in modi più grandi?

Pregare: Chiedere a Dio il desiderio e la saggezza di imparare le Scritture in modo più grande e di metterle in pratica.

_____

Andando più a fondo:

Il contesto potrebbe chiarire i tempi che erano prevalenti durante la stesura del primo e del secondo Timoteo. C'erano molte opere diverse che erano popolari, tuttavia, le opere scritte non erano così facilmente disponibili come oggi. Tuttavia, sia gli ebrei che i cristiani facevano molto affidamento sui rotoli dell'Antico Testamento e sulle nuove lettere ed epistole che circolavano tra le chiese. Infatti, ***Zondervan Illustrated Bible Backgrounds Commentary of the New Testament*** dice:

"Le religioni della Grecia e di Roma al tempo di Paolo non dipendevano dal materiale scritto. C'erano libri sacri contenenti materiale oracolare (ad esempio, gli oracoli sibillini), libri magici con incantesimi, incantesimi, incantesimi, e così via (cfr. Atti 19:19) e altri tipi di manuali su pratiche come l'augurio (l'interpretazione di vari presagi). Inoltre, si riteneva che gli scritti degli antichi poeti come Omero o Esiodo avessero un'autorità particolare nei loro miti sugli dei, anche se allo stesso tempo c'era un detto popolare: "I poeti dicono molte bugie", specialmente sugli dei. Al contrario, sia l'ebraismo che il suo discendente, il cristianesimo, erano e sono religioni che si basano molto sulle Scritture ispirate e autorevoli". **numero arabo**

_____

Devozione scritta dal pastore Frank e Samuel Gervasi

_____

1. Ministero 127, https://ministry127.com/resources/illustration/the-fruit-of-the-bible/ come consultato il 15/09/2024
2. (Zondervan Illustrated Bible Backgrounds Commentario del Nuovo Testamento, Copyright © 2002. Tutti i diritti riservati.

Andare Più a Fondo – Un Devozionale di 30 Giorni

#13 - Seguimi
Leggi: *Luca 14:25-35*

"E chi non porta la sua croce e non mi segue, non può essere mio discepolo".
Luca 14:27, CEI

Phillip "Jim" Eliot era un evangelista e missionario cristiano che morì perseguendo l'ambizione della sua vita di portare il Vangelo alle persone non raggiunte. L'8 gennaio 1956, lui e quattro compagni missionari americani furono uccisi con una lancia su una spiaggia remota da dieci uomini della primitiva tribù Auca/Waorani, la tribù che si era sentito chiamato ad evangelizzare.

Eppure la vedova di Jim Eliot, Elisabeth, non nutriva rancore verso gli assassini di suo marito. Invece, lei e molte altre donne si trasferirono nel villaggio di Auca per continuare il lavoro iniziato dai loro mariti. Appena un anno dopo che i cinque missionari erano stati uccisi in Ecuador, scrisse: *"Abbiamo dimostrato al di là di ogni dubbio che [Dio] intende quello che dice: la Sua grazia è sufficiente, nulla può separarci dall'amore di Cristo. Preghiamo che, se qualcuno, in qualsiasi luogo, teme che il costo del discepolato sia troppo grande, possa essere dato loro di intravedere quel tesoro in cielo promesso a tutti coloro che lo abbandonano".* **1**

Grande idea: *Gesù vuole che ogni parte della nostra vita, sia spirituale che fisica, sia dedicata a Lui e al Suo regno.*

A volte la vita cristiana può esigere molto dal credente. In senso spirituale, seguire Gesù può sempre sembrare che una persona sia in grado di allungare la vita, perché ognuno porta con sé un background diverso, difetti caratteriali e

Andare Più a Fondo – Un Devozionale di 30 Giorni

modi di fare le cose che Dio vuole cambiare. Anche fisicamente, i credenti possono sperimentare malattie e infermità che Dio usa per la Sua gloria.

Nel nostro brano di oggi, possiamo vedere chiaramente che Gesù vuole il primo posto nella nostra vita per tutte le cose. Vuole la nostra piena fedeltà e il posto più profondo nei nostri cuori. Vediamo nel versetto 26: *"Se qualcuno viene a me e non odia padre e madre, moglie e figli... anche la propria vita, una persona del genere **non può** essere mio discepolo".* (enfasi aggiunta)

Per chiarire, Gesù non sta dicendo che le persone dovrebbero disprezzare le loro famiglie; le famiglie sono un dono di Dio (Matteo 15:4; 1 Timoteo 5:8). Piuttosto, Gesù sta dicendo che dovremmo essere così completamente e appassionatamente dedicati a Lui, che il nostro amore per le altre cose impallidisce così tanto al confronto, che è come l'odio. Per essere un discepolo, devi amare Gesù più di quelli relationships._____

Intuizione: **Dobbiamo capire il nostro impegno nel camminare con Cristo, in modo da non scoraggiarci quando la vita si fa difficile. Perché seguire Gesù è la decisione più importante che una persona possa prendere. Dio vuole discepoli con tutto il cuore che si impegnino a rendersi completamente.**

_____

A volte, questa fedeltà sincera significa morire ai vecchi modi di vivere. Guardate il versetto 27: *"Chi non porta la sua croce e non mi segue, non può essere mio discepolo".* Pensateci: Gesù vuole che i nostri obiettivi, i nostri piani e i nostri sogni siano completamente sottoposti al Suo uso. Essere identificati con Cristo significa morire alle vecchie abitudini, ai vecchi schemi di pensiero, persino alle vecchie relazioni se ostacolano il nostro cammino con il Signore. Infine, guarda il versetto 33: *"Allo stesso modo, quelli di voi che non rinunciano a tutto ciò che hanno, **non possono essere miei discepoli".*** Non c'è niente di più chiaro di così! Le nostre famiglie, la nostra carriera, i nostri desideri, persino le cose tangibili che diamo per scontate, appartengono a Dio. E quando deponiamo quelle cose ai Suoi piedi per seguirLo, scopriremo che era il posto migliore per metterle.

Dietrich Bonhoeffer una volta disse: *"La salvezza è gratuita, ma il discepolato ti costerà la vita". **2***

_____

Andare Più a Fondo – Un Devozionale di 30 Giorni

Sfida: *Quanto mi costa seguire Gesù? Che cosa significa essere identificati con Cristo?*

Pregare: *Pregare affinché Dio mi aiuti a seguirlo, non importa quanto mi costi*

_____

Andando più a fondo:

Il versetto 34 dice: *"Il sale è buono, ma se perde la sua salinità, come può essere reso salato di nuovo? Non è adatto né per il terreno né per il mucchio di letame; è gettato via".* Riguardo a questo versetto, la John MacArthur Study Bible dice questo: *"Il sale era un bene essenziale nella Palestina del primo secolo... In un clima caldo, senza refrigerazione, il sale era il mezzo pratico per conservare il cibo".* 3

Allo stesso modo, dovremmo lasciare che gli altri che incontriamo vogliano saperne di più sulla nostra fede.

_____

Devozione scritto dal pastore Frank e Samuel Gervasi

_____

1. Christianity Today, Vol. 1, ristampato Vol. 40, n. 10, https://www.gotquestions.org/Jim-Elliot.html, consultato il 20/03/2025
2. Dietrich Bonhoffer, Il costo del discepolato, p. 39, New York: Macmillan Publishing Company, 1963; Prima pubblicazione, 1937.
3. MacArthur Study Bible, Bible Gateway Plus, www.biblrgateway.com, Copyright © John F. MacArthur, pubblicato da Thomas Nelson, 2006.

Andare Più a Fondo – Un Devozionale di 30 Giorni

Andare Più a Fondo – Un Devozionale di 30 Giorni

#14 - Fare Del Tuo Meglio
Leggi: *Galati 6:1-10*

"Non stanchiamoci di fare il bene, poiché a suo tempo mieteremo la messe se non veniamo meno". **Galati 6:9, CEI**

"Ci sono voluti meno di dieci secondi al velocista giamaicano Usain Bolt per coprire la distanza di cento metri sulla pista olimpica e vincere la medaglia d'oro a Londra. Quei pochi secondi hanno cementato il suo status di "uomo più veloce del mondo" e lo hanno portato ancora una volta sul podio del vincitore. Ma la gara non è stata vinta in quei secondi, è stata vinta da ore e ore di pratica, allenamenti, sollevamento pesi, dieta speciale e coaching. La gara non si è vinta nella prestazione ma nella preparazione. È il nostro desiderio di qualcosa di più grande che ci fa sacrificare alcune cose, anche alcune cose buone, per amore di cose migliori". **1**

<u>Grande idea:</u> *fare del nostro meglio è la volontà di Dio e ripagherà a lungo termine.*

Potremmo non fare gli stessi sacrifici che fa un atleta, ma tutti noi dobbiamo abbandonare una naturale tendenza umana all'autocompiacimento e all'orgoglio, e scegliere di fare del nostro meglio, specialmente in materia di fede. Nel versetto 4 l'apostolo Paolo ci ammonisce di *"fare del bene a tutti"* e di *"condividere i pesi gli uni degli altri e in questo modo obbedire alla legge di Cristo".* v. 2

Andare Più a Fondo – Un Devozionale di 30 Giorni

Questi versetti non dicono che i credenti dovrebbero seguire *la Legge mosaica*; piuttosto, stava parlando in un modo che alcuni in quella chiesa capivano. Anche se non siamo più sotto la Legge, è chiaro che fare il bene e vivere come Gesù (*la "legge di Cristo"*) è gradito al Signore.

Fare del bene inizia con il guardare prima di tutto noi stessi. Vediamo nei versetti 4-5: *"Presta molta attenzione al tuo **lavoro**, perché allora otterrai la soddisfazione di un lavoro ben fatto, e allora non avrai bisogno di paragonarti a nessun altro".* Questo è un buon consiglio per tutti noi, perché qualcosa si perde quando la nostra attenzione inizia a concentrarsi su ciò che gli altri dovrebbero fare. Anche se può essere difficile, dobbiamo concentrarci sul nostro cammino con Cristo se vogliamo fare del nostro meglio, comprendendo che *"Tu non sei così importante".* v. 3b

---

Intuizione: *Raccoglieremo ciò che seminiamo nella vita. Anche se Dio spesso ci dà benignamente ciò che non meritiamo, è una legge naturale di Dio che più una persona vive per compiacere la propria carne, più morte e decadimento sperimenta. Non possiamo vivere come vogliamo; dobbiamo scegliere di vivere secondo la Parola di Dio se vogliamo fare del nostro meglio e ricevere la nostra ricompensa.*

Infine, guarda i versetti 9-10: *"Non stanchiamoci dunque di fare il bene. Al momento giusto raccoglieremo un raccolto di benedizioni se non ci arrendiamo. Perciò, ogni volta che ne abbiamo l'opportunità, dobbiamo fare del bene a tutti, specialmente nella famiglia della fede".* Fare del nostro meglio ripagherà sempre a tempo debito. Potremmo non vederlo subito. Potremmo non vederlo il mese prossimo, o anche l'anno prossimo. Ma Dio ha promesso che benedirà coloro che fanno del loro meglio, in qualsiasi forma scelga quella benedizione.

Notate che questi versetti dicono: *"Mieteremo un raccolto".* Questa frase suona definitiva nel fatto che coloro che fanno il bene saranno ricompensati dalla mano stessa di Dio. Ma notate che quel raccolto arriva solo *"se non ci arrendiamo".* Non scoraggiarti se l'attesa si sta allungando; dare il meglio di noi stessi a Dio e obbedire alla legge di Cristo alla fine ne varrà la pena. Rimani forte e continua a scegliere di fare del bene fino a quando non arriva il tuo raccolto.

Andare Più a Fondo – Un Devozionale di 30 Giorni

Sfida: **Come posso fare del bene a coloro che mi circondano? Come posso crescere facendo del bene?**

Pregare: **Pregare che Dio mi aiuti a perseverare fino a quando arriva il raccolto, dando il meglio di me a Lui e seguendo la Sua volontà...**

Andando più a fondo:

Riguardo al principio del mietimento e della semina, la Bibbia *di studio di Tony Evans* dice questo:

"Dio ha stabilito certe leggi che governano l'universo che ha creato. Questo è vero nel mondo fisico (ad esempio, la legge di gravità). Ma è vero anche per il mondo spirituale. Paolo articola un'importante legge o principio spirituale quando dice: "Qualunque cosa una persona semini, raccoglierà anche". Un contadino raccoglie esattamente ciò che pianta. Se semina patate, non cercherà di raccogliere fagiolini. Decidi cosa vuoi raccogliere spiritualmente e lascia che questo controlli ciò che decidi di seminare. Questa legge è universale (si applica a tutte le persone ovunque) e inviolabile (si dimostra vera senza fallo). Non illuderti di poterti ribellare a Dio senza conseguenze". **numero arabo**

Devozione scritta dal pastore Frank e Samuel Gervasi

---

1. Ministero 127, https://ministry127.com/resources/illustration/the-fastest-man-alive, consultato il 20/03/2025.
2. Tony Evans studia la Bibbia, Copyright © 2017 di Holman Bible Publishers, Bible Gateway Plus, www.biblegateway.com, consultato il 20/03/2025.

Andare Più a Fondo – Un Devozionale di 30 Giorni

Andare Più a Fondo – Un Devozionale di 30 Giorni

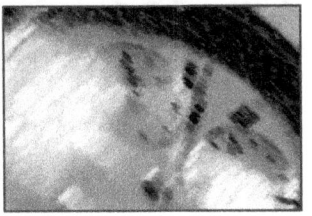

#15 - Un Tempo Per Tutto
Leggi: *Ecclesiaste 3:1-14*

"C'è un tempo per ogni cosa, e una stagione per ogni attività sotto il cielo..."
Ecclesiaste 3:1, CEI

"Se vi capita di camminare per le strade di Boston e inizia a piovere, guardate in basso: potreste vedere qualcosa di sorprendente. Il municipio di Boston e il gruppo no-profit Mass Poetry stanno "lentamente portando l'arte segreta nelle strade", attraverso una combinazione di stencil, vernice spray impermeabile e giorni di pioggia. Dall'inizio di aprile, le poesie sono state spruzzate con vernice impermeabile sui marciapiedi di tutta la città. Quando il marciapiede è asciutto, le parole sono invisibili; Ma quando il marciapiede è bagnato, appare improvvisamente un'opera d'arte. Per molte persone, una giornata di pioggia non è una giornata ideale, ma chissà quali cose belle una persona potrebbe perdere se non fosse stato per la pioggia?" **1**

Nella vita, le stagioni vengono e le stagioni vanno. Ci aggrappiamo saldamente ad alcuni di essi e ci rifiutiamo di passare a quelli nuovi. In altri, ci affrettiamo a passare il più rapidamente possibile a una situazione più confortevole. Ma non abbiamo molta voce in capitolo quando cambiano. Tuttavia, sappiamo che Dio ha potere sulle nostre stagioni della vita, indipendentemente da quanto tempo durino.

Grande idea: *ogni stagione della vita, sia buona che cattiva, è sovranamente ordinata da Dio ed è necessaria per ricevere il meglio che Dio ha per noi.*

Andare Più a Fondo – Un Devozionale di 30 Giorni

Notate come il versetto 1 dice: *"C'è un tempo per ogni cosa, e una stagione per ogni attività sotto i cieli..."* Alcune versioni usano l'espressione *"tempi fissati"* (NASB), che implica che qualcuno diverso da noi sta facendo la nomina. E sappiamo dal resto della Scrittura che quella persona è Dio Stesso.

Tutto ciò che ci accade può essere ricondotto alla mano sovrana di Dio. Assolutamente nulla entra nella nostra vita senza che Dio ne sia l'originatore, o senza che Dio lo permetta. Per alcuni, questa può essere una cattiva notizia. Se una persona è orgogliosa e ha bisogno di prendersi il merito del risultato o si sente a disagio a confidare in Dio senza sapere perché permette le brutte stagioni, questo passaggio è tutt'altro che incoraggiante. Ma per quelli di noi che scelgono la sottomissione e possono riposare nella promessa che Dio *"... fa' che tutte le cose cooperino al bene di quelli che lo amano"* (Romani 8:28) questo passaggio è confortante da ascoltare.

Non solo tutte le stagioni, buone e cattive, sono ordinate da Dio, ma sono anche pienamente necessarie. Sia gli alti che i bassi sono importanti per ogni persona; Non possiamo avere l'uno senza l'altro. I versetti da 2 a 8 elencano *"Un tempo per"* ventotto eventi comuni che molte persone affrontano nella vita. Molto spesso, è più facile accogliere i buoni eventi identificati in questo elenco ed è molto più facile ignorare o evitare i momenti difficili. Tuttavia, Dio usa entrambi per realizzare i Suoi scopi in ogni persona.

Intuizione: Ogni stagione della vita dovrebbe farci temere Dio e sviluppare un profondo e sano
riverenza per Lui. Indipendentemente da dove ci troviamo nella vita, Dio è sempre degno del nostro rispetto, onore e riverenza.

Quindi, cosa dovremmo fare? Se Dio ha stabilito ogni stagione della nostra vita, e la sta usando per realizzare i Suoi scopi in noi, come dobbiamo rispondere? La risposta è questa: dobbiamo imparare ad accontentarci di tutto ciò che Dio ci ha dato. Guardate di nuovo i versetti 12-13: *"So che non c'è nulla di meglio per gli uomini che essere felici e fare il bene mentre vivono. Che ciascuno di loro possa mangiare e bere e trovare soddisfazione in tutta la sua fatica: questo è il dono di Dio".* (NIV)

Andare Più a Fondo – Un Devozionale di 30 Giorni

Per chiarire, voglio dire che questi versetti non implicano che non dovremmo aspirare a cose migliori nella vita. O che dovremmo accettare tutto ciò che ci capita, anche se gli altri ci trattano ingiustamente o ingiustamente. Quello che sta dicendo è che dovremmo imparare a sfruttare al meglio le nostre routine quotidiane che a volte diamo per scontate. Filippesi 4:12-13 dice questo: *"So che cosa significa essere nel bisogno, e so che cosa significa avere abbondanza. Ho imparato il segreto di essere contento in ogni situazione, sia che sia ben nutrito o affamato, sia che viva nell'abbondanza o nel bisogno. Tutto questo posso farlo per mezzo di Lui che mi dà forza".* Dovremmo essere persone che imparano ad accontentarsi di dove Dio ci ha per quella specifica ragione.

———————

Sfida: *In quale stagione della vita mi trovo in questo momento? Come posso imparare a temere Dio e ad essere contento dove sono?*

Pregate: *Ringraziando Dio sia per i momenti belli che per quelli difficili che ha ordinato e chiedendoGli di aiutarmi ad essere contenta...*

———————

Andando più a fondo:

Riguardo a Ecclesiaste 3, il **Commentario biblico di Jamieson, Fausset e Brown** dice quanto segue: *"Le occupazioni terrene sono senza dubbio lecite nel loro giusto tempo e ordine (Ecc 3:1-8), ma inutili quando sono fuori dal tempo e dallo spazio; come, per esempio, quando è perseguito come il solido e il capo buono (Ecc 3:9.10); mentre Dio fa bello tutto ciò che è bello a suo tempo, che l'uomo comprende oscuramente (Ecc 3:11). Dio permette all'uomo di godere con moderazione e virtuosità dei suoi doni terreni (Ecc 3,12.13). Ciò che ci consola in mezzo all'instabilità delle benedizioni terrene è che i consigli di Dio sono immutabili (Ecc 3:14)".* **numero arabo**

———————

Devozione scritta dal pastore Frank e Samuel Gervasi

———————

1.   Preaching Today, https://www.preachingtoday.com/illustrations/2016/may/bostons-secret-street-art.html, consultato il 20/03/2025.
2.   Jamieson, Fausset, & Brown Bible Commentary, 1971, Bible Gateway Plus, www.biblegateway.com, consultato il 20/03/2025.

Andare Più a Fondo – Un Devozionale di 30 Giorni

Andare Più a Fondo – Un Devozionale di 30 Giorni

#16 - Un Re Caduto in Disgrazia
Leggi: *Matteo 27:27-50*

"Verso le tre del pomeriggio Gesù gridò a gran voce: 'Eli, Eli, lema sebachthani?'
(che significa 'Dio mio, Dio mio, perché mi hai abbandonato?')"
Matteo 27:46, CEI

Una delle personalità più famigerate della fine del XIX secolo fu Maria Antonietta, regina di Francia. Mentre la sua nazione era in crisi economica e il suo popolo moriva di fame, Maria Antonietta era nota per il suo stile di vita opulento e lussuoso. Teneva regolarmente balli e banchetti al palazzo reale ed era una generosa mecenate di molti compositori e musicisti. Era un'appassionata giocatrice d'azzardo, spesso giocava all'eccesso, perdendo e vincendo ingenti somme, a tal punto che il re si preoccupò e bandì alcuni dei giochi più rischiosi che stavano inghiottendo intere fortune. E si dice che quando gli fu detto che il popolo di Parigi non aveva pane, la regina Maria rispose: "Allora lasciate che abbiano la torta". *1* Questa regina sapeva come ottenere il massimo dalla sua posizione regale.

Mentre Maria Antonietta rappresenta un estremo, molti re e regine sono noti per godere dei lussi della regalità, che si tratti di beni costosi, delle lodi del loro popolo o dell'obbedienza a ogni loro comando. In Matteo 27, ci viene presentato un Re – il Re dei Re, appunto. Ma questo Re non sembra pretendere i lussi della Sua posizione. Al contrario, Egli sopporta abusi e maltrattamenti immeritati per mano dei Suoi sudditi per cambiare per sempre il corso della storia umana.

Grande idea: *Cristo nostro Re ha sofferto il ridicolo dell'uomo e l'abbandono del Padre affinché potessimo ricevere il perdono di Dio.*

Andare Più a Fondo – Un Devozionale di 30 Giorni

La regalità di Gesù è riconosciuta nel nostro testo, ma in un contesto di scherno e disprezzo. Inizialmente, le guardie lo deridono nei versetti 28-29: *"Lo spogliarono e gli misero addosso un mantello scarlatto, poi attorcigliarono insieme una corona di spine e gliela posero sul capo. Gli misero un bastone nella mano destra. Poi si inginocchiarono davanti a lui e lo derisero. 'Salve, re dei Giudei!' dissero"*.

Poi, le folle alla Sua crocifissione si uniscono, come vediamo nel versetto 42: *"'Ha salvato gli altri', dissero, 'ma non può salvare se stesso! Egli è il re d'Israele! Scenda dalla croce e noi crederemo in lui'"*. Anche il segno sopra la testa di Gesù – QUESTO È GESÙ, RE DEI GIUDEI – ha un tono di scherno. Gesù, il Re dell'Universo, si umiliò oltre ogni immaginazione per il bene delle stesse persone che Lo ridicolizzavano.

———————————

Intuizione: Cristo nostro Re è morto di una morte vergognosa, crocifisso come un criminale comune. Egli si è umiliato e ha assunto il giudizio che meritavamo, in modo che potessimo essere liberati.

———————————

Ma di tutto ciò che Gesù ha sopportato, il peggiore non è stato il rifiuto del popolo, ma il rifiuto del Padre, Colui che lo aveva mandato. I versetti 45-46 dicono: *"Da mezzogiorno fino alle tre del pomeriggio scese l'oscurità su tutto il paese. Verso le tre del pomeriggio Gesù gridò a gran voce: «Eli, Eli, lema sebachthani?». (che significa 'Dio mio, Dio mio, perché mi hai abbandonato?')"* Dio Padre dovette voltare le spalle a Cristo, perché per quel tempo i peccati del mondo furono posti su di Lui. 2 Corinzi 5:21 lo descrive così: *"Egli ha fatto peccato per noi colui che non ha conosciuto peccato, affinché noi diventassimo giustizia di Dio in lui"*. (NASB)

Lo scherno e la sofferenza di Gesù terminano nel versetto 50: *"E Gesù, dopo aver gridato di nuovo ad alta voce, emise il suo spirito"*. (NIV) Perché questo è importante per noi? Perché attraverso tutti questi maltrattamenti che Gesù ha ricevuto, e attraverso l'offerta della Sua vita, la morte è stata vinta! L'Agnello senza macchia, che ha tolto i peccati dei peccati del mondo, ha pagato il prezzo più alto per un'umanità perduta. Cristo ha fatto un sacrificio accettevole per coprire i nostri peccati una volta per tutte e per riconciliarci con Dio Padre.

Andare Più a Fondo – Un Devozionale di 30 Giorni

Poiché Gesù ha sopportato gli scherni delle persone e il rifiuto del Padre, ha creato un modo per ripristinare la nostra relazione con Dio. Ed è per questo che è degno di essere chiamato il Re dei Re.

Sfida: Capisco e apprezzo ciò che Gesù fece sulla croce? Come posso vivere nella gratitudine oggi?

Pregate: Ringraziando Dio per l'umiliazione che ha sopportato per farmi perdonare...

Andando più a fondo:

Il versetto 34 ci dice che i soldati romani offrirono a Gesù vino mescolato con fiele. Alcune versioni usano la parola mirra invece di fiele. La mirra, o fiele, era una spezia derivata da piante originarie del deserto arabo e di alcune parti dell'Africa. A volte veniva dato del vino con la mirra alle vittime della crocifissione per attutire il dolore, e i soldati romani lo offrivano a Gesù, apparentemente per pietà. Questo avvenne per adempiere la profezia del Salmo 69:21: *"Misero fiele nel mio cibo e mi diedero aceto per la mia sete".* Il versetto 35 aggiunge che i soldati giocarono d'azzardo per le vesti di Gesù, in adempimento della profezia che si trova nel Salmo 22:18: *"Spartirono fra loro le mie vesti e tirarono a sorte la mia veste".*

Devozione scritta dal pastore Frank e Samuel Gervasi

1. Adattato da https://en.chateauversailles.fr/discover/history/great-characters/marie antoinette#a-queen-at-the-court, consultato il 20/03/2025

Andare Più a Fondo – Un Devozionale di 30 Giorni

Andare Più a Fondo – Un Devozionale di 30 Giorni

#17 - Benefici di Uno Spirito Grato/Gioioso
Leggi: *Filippesi 1:3-11*

"Ringrazio il mio Dio ogni volta che mi ricordo di te. 4 In tutte le mie preghiere per tutti voi, prego sempre con gioia».
Filippesi 1:3-4, CEI

Nel suo libro, *The Hiding Place*, "Corrie Ten Boom racconta un incidente che le ha insegnato ad essere grata per cose per cui normalmente non saremmo grati. Lei e sua sorella Betsy, prigioniere dei nazisti, erano appena state trasferite nel peggior campo di prigionia che avessero mai visto, Ravensbrück. Entrando nella caserma, la trovarono estremamente sovraffollata e infestata da pulci. La loro lettura delle Scritture dalla loro Bibbia di contrabbando quella mattina........ aveva ricordato loro di gioire sempre, di pregare costantemente e di rendere grazie in ogni circostanza. Betsy disse a Corrie di fermarsi e ringraziare il Signore per ogni dettaglio del loro nuovo alloggio. Corrie in un primo momento si rifiutò categoricamente di ringraziare per le pulci, ma Betsy insistette. Corrie alla fine accettò di ringraziare in qualche modo Dio anche per le pulci. Durante i mesi trascorsi in quel campo, furono sorpresi di scoprire con quanta franchezza potevano tenere apertamente lo studio della Bibbia e le adunanze di preghiera nella loro baracca senza l'interferenza delle guardie. Diversi mesi dopo hanno appreso che le guardie non sarebbero entrate nella caserma a causa delle pulci".
1

La gratitudine produce molto nella vita di una persona: vedere il bene, anche quando le circostanze non giustificano la gioia.

Grande idea: uno spirito grato e gioioso produrrà frutti spirituali e porterà a desiderare il meglio dagli altri.

Andare Più a Fondo – Un Devozionale di 30 Giorni

Una mentalità grata porterà a volere il meglio dagli altri, specialmente da coloro a cui siamo vicini. Perché rivela qualcosa di importante su una persona che è grata e gioiosa, che è il figlio di Dio che cammina nello Spirito e trova la sua gioia in Cristo, e che vuole vedere cose buone nella vita degli altri. Che è esattamente ciò che l'apostolo Paolo voleva per la chiesa di Filippi. Infatti, nei vv. 7-8 del brano di oggi dice: *"È giusto che io provi questa sensazione per tutti voi, poiché vi ho nel mio cuore e, sia che io sia in catene sia che difenda e confermi il vangelo, tutti voi partecipate con me alla grazia di Dio. 8 Dio può testimoniare quanto desidero tutti voi con l'affetto di Cristo Gesù».* NIV

Mi sono ritrovato a pensare che ciò che l'Apostolo ha pregato per la chiesa di Filippi non è davvero una cosa comune per la persona media. Tuttavia, per l'apostolo Paolo e la chiesa di Filippi in Asia, è comprensibile. Perché si diceva che si trattasse di una chiesa fondata ---insieme ai suoi amici... dal suo secondo viaggio missionario. Ed è stata anche la prima chiesa cristiana fondata in Europa. Quindi, aveva un legame profondo e affetto per loro, e voleva vedere il meglio also.

Intuizione: Uno spirito gioioso e grato dovrebbe produrre frutti in noi stessi, ma anche in coloro che ci circondano

---

Inoltre, se guardi i vv. 9-10, alcuni dei desideri dell'apostolo Paolo venivano mostrati perché dice: *"E questa è la mia preghiera: che il vostro amore abbondi sempre più in conoscenza e profondità di perspicacia, 10 affinché possiate discernere ciò che è meglio e siate puri e irreprensibili per il giorno di Cristo".*

In primo luogo, è stata la crescita nell'amore, che è un crescente *"amore fraterno"* l'uno per l'altro e per coloro che li circondano. Ma non un po', perché l'idea che sta dietro alla parola è questa: *"superare un numero fisso di misure, essere superati e superati un certo numero o misura".***2** Poi c'era la crescita della conoscenza. L'amore è più di questo sentimento appiccicoso e sdolcinato di affetto per qualcuno. L'amore dovrebbe sempre essere basato sulla verità. L'idea qui è *l'amore che è corretto e preciso.* Poi anche l'apostolo Paolo menziona la crescita nella perspicacia. Che la chiesa di Filippi crescesse nel discernimento. Il che implica *"la percezione, non solo attraverso i sensi ma anche attraverso l'intelletto".* **2** Perché, in sostanza, crescessero nell'amore, usando tutti i loro sensi. Billy Graham osserva che: *"Lo spirito di gratitudine è uno dei segni più distintivi di un cristiano il cui cuore è in sintonia con il Signore".* **3**

Andare Più a Fondo – Un Devozionale di 30 Giorni

___

Sfida: *Quanto sono grato oggi per coloro che Dio ha messo nella mia vita? Come posso pregare per coloro che mi sono vicini?*

Pregare: *Chiedere a Dio di aiutarmi a crescere nella gratitudine e nella gioia...*

___

Andando più a fondo:

La gioia e la gratitudine sono tratti e mentalità che possono aiutare una persona in modi inaspettati. Infatti, l'apostolo Paolo scrisse la lettera alla chiesa di Filippi in un momento in cui la gioia non si vedeva normalmente. L'apostolo Paolo era agli arresti domiciliari quando scrisse questa lettera. Così come molte altre lettere ed epistole conosciute come le sue Epistole della prigione. L'imbarazzo può essere stato sentito e visto perché le persone nel mondo romano consideravano l'incarcerazione vergognosa.

La **Bibbia Zondervan per lo studio dell'ambiente culturale** osserva: *"1:7 'Ti ho nel mio cuore'. Le lettere tra amici spesso sottolineavano che ognuno condivideva i dolori dell'altro. La difesa e la rivendicazione di Paolo per il Vangelo avrebbero avuto rilevanza anche per la loro sicurezza (vedi nota al v. 25)". Sono in catene." La maggior parte delle persone si vergognava di essere associata a qualcuno incatenato o in custodia del governo romano. Questo potrebbe essere particolarmente il caso di Filippi, che sottolineava i suoi stretti legami con Roma, e dove Paolo era già stato pubblicamente accusato di minare l'ordine e le usanze romane di cui Filippi era particolarmente orgoglioso (At 16:20-22)".* **4**

___

Devozione scritta dal pastore Frank e Samuel Gervasi

___

1. Il nascondiglio, Libri scelti, 1971
2. Bibbia interlineare, https://www.biblestudytools.com, consultato il 10/04/2024)
3. Goodreads, www.goodreads.com, consultato il 20/03/2025.
4. Zondervan Cultural Study Bible, Bible Gateway Plus, www.biblegateway.com, consultato il 20/03/2025.

Andare Più a Fondo – Un Devozionale di 30 Giorni

#18 - La Parola Ai Saggi
Leggi: *1 Corinti 2:1-8*

"Il mio messaggio e la mia predicazione non erano con parole sagge e persuasive, ma con una dimostrazione della potenza dello Spirito, affinché la vostra fede non si basasse sulla sapienza umana, ma sulla potenza di Dio". **1 Corinzi 2:4-5**

Nel 2004, un dipinto di Anna Mary Robertson, meglio conosciuta come Nonna Moses, è stato portato all'Antiques Roadshow per una valutazione. Nata prima della guerra civile, Robertson non ha iniziato a dipingere fino alla fine della sua vita. Il suo stile primitivo alla fine divenne estremamente popolare e il suo lavoro ebbe un prezzo elevato. L'uomo che ha portato il dipinto da valutare abitava nelle vicinanze e sua madre era un'amica di nonna Moses. Ha detto: *"Era semplicemente una meravigliosa amica di famiglia. E lasciava che mia madre comprasse questi dipinti, che pensava avessero un valore relativamente basso. Immagino che lo facesse anche mia madre. Probabilmente ha comprato otto o dieci dipinti in tutto, e la mia ipotesi sarebbe forse per meno di dieci dollari l'uno".* **1** Il dipinto che è stato acquistato per circa $ 10 è stato valutato per un valore di $ 60.000!

A volte, le cose che Dio rivela nella Sua Parola come sapienza sembrano follie al mondo. Diamo valore a qualcosa di grande valore come a poco valore, perché i comandi di Dio sembrano estremi, ci mettono a disagio o addirittura sfidano il buon senso. Ma poiché Dio è l'origine di tutta la sapienza, la sapienza che Egli ha rivelato in Cristo si dimostrerà sempre superiore alla saggezza che la cultura approva.

Grande idea: *Gesù è il centro e il punto di partenza della saggezza, quindi dovremmo iniziare con Lui se vogliamo acquisirla.*

Andare Più a Fondo – Un Devozionale di 30 Giorni

Notate dal nostro passo che questa saggezza con cui l'apostolo Paolo presentò il Vangelo ai Corinzi era disapprovata dalla saggezza di quel tempo: *"Noi parliamo tuttavia un messaggio di sapienza fra i maturi,* **ma non la sapienza di questa epoca** *o dei governanti di questa epoca che vengono a nulla".* (NIV, corsivo aggiunto)

La *"saggezza di questa epoca"* è semplicemente la comprensione di Dio da parte di una persona senza l'aiuto dello Spirito Santo. Pensate a come la mente umana sia così facilmente influenzata dall'autoinganno; È facile convincersi che un'idea o una decisione sia giusta, solo per finire per essere sbagliata. Invece, l'apostolo Paolo si affidò alla sapienza di Dio, *"un mistero che è stato nascosto e che Dio ha destinato alla nostra gloria prima che cominciasse il tempo"* (v. 7).

__Intuizione:__ l'opera dello Spirito Santo è la saggezza di Dio e possiamo confidare nel modo in cui tale saggezza si manifesta e ci viene rivelata tramite Lui.

Perché confidiamo nella sapienza di Dio piuttosto che nella saggezza dell'uomo? Perché Cristo è il centro della vera sapienza. Poiché Dio è il creatore e l'origine di tutte le cose buone, compresa la sapienza, non possiamo sperimentarne la piena estensione senza Gesù come nostro fondamento e punto di partenza. L'apostolo Paolo *"decise di non sapere nulla... eccetto Gesù Cristo e lui crocifisso".* Paolo capì che chi era Cristo e ciò che insegnava era tutto ciò di cui c'era bisogno, e che la saggezza del mondo non poteva essere paragonata. E lo stesso vale per noi.

Proverbi 1:7 dice questo: *"Il timore dell'Eterno è il principio della conoscenza, ma gli stolti disprezzano la sapienza e l'istruzione".* Che Gesù sia il nostro punto di partenza oggi.

__Sfida:__ Dove cerco la saggezza? Come posso crescere nella saggezza di Dio?

Andare Più a Fondo – Un Devozionale di 30 Giorni

Pregare: *Chiedere a Dio di aiutarmi a fare di Lui il mio punto di partenza per la saggezza e scegliere di obbedirGli anche quando non capisco...*

Andando più a fondo:

Nel ***Moody Bible Commentary,*** Michael G. Vanlaningham sottolinea come la saggezza che si trova in Cristo sia disponibile per tutti coloro che credono in Lui: *"**Maturo** (v. 6) si riferisce a tutti i credenti, non a pochi che sono perspicaci. È possibile che con la parola **maturo** Paolo intenda "cristiani maturi o spirituali" in contrapposizione ai credenti carnali, ma ci sono solo due categorie di persone che si trovano in 2:1-14, vale a dire coloro che sono puramente secolari ... e coloro che sono cristiani (vedi i molti pronomi e verbi in prima persona che si trovano [nel brano] qui). Inoltre, è altamente improbabile che Paolo nascondesse ai credenti immaturi le verità spirituali relative a Cristo. **Maturo** qui è il termine che egli usava per la categoria di tutti coloro che credono in Gesù Cristo di fronte al mondo".* **numero arabo**

Devozione scritta dal pastore Frank e Samuel Gervasi

---

1. Antiques Road Show, https://www.pbs.org/show/antiques-roadshow, consultato il 20/03/2025.
2. Moody Bible Commentary, Moody Publishers, Chicago, 2014

Andare Più a Fondo – Un Devozionale di 30 Giorni

#19 - Sottomissione Biblica Della Famiglia
Leggi: *Efesini 5:21-6:4*

_____

"Sottomettetevi gli uni agli altri per rispetto a Cristo". **Efesini 5:21, CEI**

_____

Le cinture di sicurezza possono essere una seccatura. Alcune persone semplicemente non vogliono essere disturbate anche quando la legge richiede loro di allacciare le cinture. Secondo l'Associated Press, un neozelandese di nome Ivan Segedin lo portò all'estremo.

"La polizia lo ha multato 32 volte in cinque anni per non aver usato la cintura di sicurezza. Anche se questo gli stava costando un sacco di soldi, Segedin si rifiutò di allacciarsi le cinture. Alla fine, invece di obbedire alla legge, l'uomo decise di affidarsi all'inganno. Ha fatto una finta cintura di sicurezza che gli pendeva sulla spalla e ha fatto sembrare che indossasse una cintura di sicurezza quando non lo era. Il suo trucco funzionò per un po'. Poi, ha avuto uno scontro frontale. È stato gettato in avanti sul volante e ucciso". **1**

Le scelte che facciamo possono avere gravi conseguenze. Dio ha precisato gli standard per le strutture delle famiglie nella Bibbia anche per assicurare problemi minimi.

_____

Grande idea: *le famiglie hanno responsabilità l'una verso l'altra membro di quella famiglia*

_____

Tutte le famiglie avranno una caratteristica importante, evidente nella loro struttura. Specialmente, se vogliono avere successo e portare frutto, questo è

Andare Più a Fondo – Un Devozionale di 30 Giorni

coerente con il piano di Dio per loro. Se ogni persona in una famiglia non afferra questa struttura, non avrà una solida base su cui poggiare o avere successo.

Nel brano di oggi l'apostolo Paolo, nella sua lettera alla chiesa di Efeso, dava norme bibliche per le famiglie cristiane.

Nel versetto 21 dice: *"Sottomettetevi gli uni agli altri per riverenza verso Cristo".* Fornirci uno standard in due parti è importante. In primo luogo, questa è l'idea di sottomissione. E da un punto di vista grammaticale, significa letteralmente: *"organizzare sotto, subordinare".* Tuttavia, è anche usato come termine militare greco che significa: *"organizzare [divisioni di truppe] in modo militare sotto il comando di un leader".* **numero arabo**

Inoltre, la sottomissione aveva un terzo uso in modo non militare: *"un atteggiamento volontario di cedere, cooperare, assumersi responsabilità e portare un fardello".* **2** Quindi, in sostanza, l'apostolo Paolo stava sottintendendo che le famiglie erano strutturate biblicamente in quel modo. Ognuno di essi ha ruoli e aspettative chiaramente definiti in un ordine particolare.

———————————

Intuizione: **Una famiglia cristiana ha in definitiva una responsabilità davanti a Cristo stesso.**

———————————

Oltre a questo, però, il secondo aspetto della sottomissione è davvero radicato nel motivo per cui dovremmo sottometterci l'uno all'altro. E questo è a causa di Cristo stesso! Se guardiamo alla seconda parte del v. 21, egli dice: *"Per rispetto a Cristo".* Con parte di questo, riconoscendo che Cristo ci sta dando il modo migliore per vivere con successo come famiglie. Seguendo i modelli esposti nella Bibbia, incluso questo passaggio di oggi. *Come può una famiglia funzionare correttamente se ognuno ha obiettivi diversi e si muove in direzioni diverse?*

———————————

Sfida: **Come possiamo essere il miglior membro della famiglia dove Dio ci ha posto? Mi sto sottomettendo in riverenza a Cristo?**

Andare Più a Fondo – Un Devozionale di 30 Giorni

Pregare: Chiedere a Dio di aiutarmi ad essere il miglior membro della famiglia che posso essere, per il bene della mia famiglia e di Cristo...

_____

Andando più a fondo:

Qualunque sia il nostro ruolo nella famiglia, dovremmo capire la sottomissione e arrenderci l'uno all'altro per il suo buon funzionamento. La **NKJV Wiersbe Study Bible** dice:

È solo tramite la potenza dello Spirito Santo che possiamo camminare in armonia.....l'unità del popolo di Dio descritta da Paolo (4:1-16) deve essere tradotta nella vita quotidiana se vogliamo godere dell'armonia che è un assaggio del cielo sulla terra. Se vogliamo che le nostre case siano un paradiso in terra, allora dobbiamo essere controllati dallo Spirito Santo". 3

_____

Devozione scritta dal pastore Frank e Samuel Gervasi

_____

1. https://www.sermoncentral.comhttps//www.sermoncentral.com/sermon-illustrations/70/02/fake-seatbelts-and-submission-by-sermon-central, consultato il 13/10/2024)
2. Bibbia interlineare, biblestudytools.com, consultato il 20/03/2025.
3. Bibbia NKJV Wiersbe, Copyright 2021, Thomas Nelson.

Andare Più a Fondo – Un Devozionale di 30 Giorni

#20 - Lasciarsi Andare
Leggi: *Efesini 5:22-24*

"Mogli, sottomettetevi ai vostri mariti come fate con il Signore". **Efesini 5:22**

Secondo l'Associated Press, il 14 dicembre 1996, un mercantile di 763 piedi si stava dirigendo lungo il Mississippi a New Orleans, in Louisiana, quando perse il controllo, virò verso la riva e si schiantò contro un centro commerciale lungo il fiume. All'epoca il Riverwalk Mall era affollato da circa 1.000 acquirenti e 116 persone sono rimaste ferite. Dopo aver indagato sull'incidente per un anno, la Guardia Costiera ha riferito che il mercantile aveva perso il controllo perché il motore si era spento. Il motore si era spento a causa della bassa pressione dell'olio. La pressione dell'olio era bassa a causa di un filtro dell'olio intasato. E il filtro dell'olio era intasato perché l'equipaggio della nave non era riuscito a mantenere correttamente il motore". 1

A volte, se qualcosa viene gestito ed eseguito in un modo per cui non è stato progettato, i più piccoli errori possono avere conseguenze disastrose.

Grande idea: *Le mogli hanno la responsabilità, in conformità con la struttura di Dio, che la famiglia si sottometta alla guida dei loro mariti.*

Versetti come quelli che leggiamo oggi sono diventati tabù nella cultura moderna. E in una certa misura, è facile capire perché. Questo passaggio ha dato vita a un insegnamento sbagliato, a desideri egoistici di controllo e alla resistenza al principio in questione. Tuttavia, solo perché questo passaggio è stato frainteso, non cancella o annulla i ruoli di Dio per la famiglia cristiana.

Andare Più a Fondo – Un Devozionale di 30 Giorni

Forse il qualificatore nel versetto 22 – "... *come fai tu con il Signore*" – ci aiuta a capire la sottomissione come Dio l'ha intesa. Quando ci sottomettiamo a Cristo, Egli non si approfitta di noi. Non ci tratta come un insignificante nessuno. Non ci tratta come Suoi schiavi. Piuttosto, noi siamo di valore infinito per Dio, e lo scopo della vita, del ministero e della morte di Gesù era "... *è per **la libertà** che Cristo vi ha liberati*". (Galati 5:1; corsivo dell'autore)

***Approfondimento**: La presentazione deve essere ampia e completa. Alla fine, la direzione finale per l'unità familiare dovrebbe essere la direzione verso cui conduce il marito.*

Allora, cos'è la sottomissione biblica? La sottomissione biblica è vedere il marito come responsabile e agire di conseguenza. Alla fine, ogni marito e padre renderà conto del tipo di amministratori che erano delle loro famiglie sulla terra. I mariti dovrebbero guidare in un modo che salvi e redima le loro famiglie e le valorizzi come seconde solo a Cristo. E la moglie dovrebbe rafforzare e sostenere il marito nell'adempimento di quel ruolo, non lavorare contro di lui.

***Sfida**: Qual è il ruolo familiare che Dio ha per me? Come posso crescere nell'adempiere a quel ruolo?*

***Pregare**: Chiedere a Dio di aiutarmi a sottomettermi e ad avere fiducia nella Sua sovranità nella direzione della mia famiglia...*

Andando più a fondo:

Il **Dictionary of Bible Themes definisce** la parola *sottomissione* come segue:

"Un atteggiamento umile in cui l'obbedienza è resa all'interno di una relazione; che si tratti di Dio, delle autorità o di altre persone al lavoro, nella chiesa, nel matrimonio o nella famiglia". **numero arabo**

Devozione scritta dal pastore Frank e Samuel Gervasi

Andare Più a Fondo – Un Devozionale di 30 Giorni

---

1. Tratto da https://sermoncentral.com/sermon-illustrations/9589/losing-control-one-mistake-at-a-time-by-john-williams-iii, consultato il 20/03/2025.
2. Dizionario dei temi biblici, Bible Gateway Plus, www.biblegateway.com, consultato il 20/03/2025.

Andare Più a Fondo – Un Devozionale di 30 Giorni

#21 - Mariti Che Guidano in Amore
Leggi: *Efesini 5:25-33*

"Mariti, amate le vostre mogli, come Cristo ha amato la chiesa e ha dato se stesso per lei". Efesini 5:25, CEI

L'idea di avere il coniuge ideale si è dimostrata popolare nella nostra cultura. Ha detto una fonte. *"Tra i giovani adulti negli Stati Uniti Un sondaggio del 2011 ha rilevato che il 73% degli americani crede in un'anima gemella, l'idea che "due persone sono destinate a stare insieme", con l'80% di quelli sotto i 30 anni che la pensano così. Tuttavia, per coloro che cercano l'anima gemella, ciò che conta sono le capacità emotive e la capacità di innescare una chimica romantica o sessuale. Si suppone che queste qualità mettano gli uomini e le donne sulla strada verso ciò che vedono come i beni primari del matrimonio: l'intimità, l'espressione di sé e l'autorealizzazione" 1*

Il che può essere vero con molte variabili che possono rendere il matrimonio ideale. Ciò nonostante, Dio ha precisato chiaramente il ruolo del marito, dando loro delle linee guida da seguire.

<u>**Grande idea:** *i mariti hanno responsabilità nei confronti delle loro mogli, trattandole con cura e rispetto.*</u>

Nella devozione di oggi, che continua nel nostro focus familiare, scopriamo il ruolo del marito. In Efesini 5, dove l'apostolo Paolo dava ulteriori istruzioni alle famiglie, si rivolge al marito. Usare la parola forte "responsabilità" dà un'immagine di impegno e di essere deliberati. E l'impegno e la deliberatezza sono un trattamento favorevole e dignitoso, dei nostri coniugi. Non sto parlando

Andare Più a Fondo – Un Devozionale di 30 Giorni

di perfezione, o dicendo che le coppie non hanno le loro differenze, ma alla fine il trattamento è di rispetto. Nei versetti 25-27 dice: *"Mariti, amate le vostre mogli, come Cristo ha amato la chiesa e ha dato se stesso per lei per renderla santa, purificandola mediante il lavacro con acqua per mezzo della parola, e per presentarla a se stesso come una chiesa radiosa, senza macchia né ruga né altra macchia, ma santa e irreprensibile"*. Pensa a come l'apostolo Paolo ci fornisce tre diversi esempi di ciò che potrebbe comportare l'amore di un marito per sua moglie.

In primo luogo, un *amore sacrificale* e che onori la propria sposa, con un profondo e riverente rispetto per lei. Probabilmente l'opposto di quello che a volte si vede nella nostra cultura. Voglio dirvi che mi infastidisce quando vedo persone parlare delle loro mogli in tono negativo, condividendo cose su di loro con i colleghi che è umiliante. Ho sentito persone parlare delle loro mogli in modo irrispettoso, e ho pensato: cosa stai facendo? È maleducato e controproducente per qualsiasi cosa buona! Pensate al paragone usato tra *"Cristo e la chiesa, santi, immacolati e irreprensibili"*.

In secondo luogo, l'apostolo Paolo parla di un *amore rispettoso* perché qui, nel versetto 28, la Bibbia dice che va bene amare se stessi. *"Allo stesso modo, i mariti devono amare le loro mogli come i loro corpi. Chi ama sua moglie ama se stesso. Dopotutto, nessuno ha mai odiato il proprio corpo, ma si nutrono e si prendono cura del proprio corpo"*. Anche se le parole invocano una motivazione egoistica, in realtà si tratta di amministrazione e di prendersi cura di se stessi. E, se siamo onesti, sappiamo tutti come prenderci cura e rispettare il nostro corpo. *Quindi, in un certo senso mette le cose in prospettiva, non è vero?*

Intuizione: i mariti dovrebbero amare le loro mogli con un amore sacrificale, rispettoso e unificato

---

Infine, un *amore unificato* è quello che lavora insieme al tuo coniuge ed entrambi state muovendo la famiglia nella direzione migliore per la tua famiglia. Perché nel versetto 31 dice: *"Per questo l'uomo lascerà suo padre e sua madre e si unirà a sua moglie, e i due saranno una sola carne"*. Implica qualcosa di importante come, non ciò che è meglio per tua madre o tuo padre, o ciò che farebbero. È la tua famiglia e dovrebbe essere modellata per far sì che entrambi lavoriate. Tuttavia, questo non vuol dire che non hai nulla a che fare con loro, o che i

Andare Più a Fondo – Un Devozionale di 30 Giorni

genitori non possano fornire alcune informazioni preziose. Soprattutto perché conoscono i loro figli e cosa potrebbe aiutare. Ma alla fine vivere la propria vita, come marito e moglie. L'apostolo Paolo stava facendo un riferimento incrociato a Genesi 2:24, dove Dio stava ordinando il matrimonio in primo luogo.

———————

Sfida: *Sto amando mia moglie come Cristo ha amato la Chiesa? O la sto trattando come uno zerbino insignificante?*

Pregare: *Chiedere a Dio di aiutarmi a mostrare un amore sacrificale, rispettoso e unificato a mia moglie...*

———————

Andando più a fondo:

La **NKJV Maxwell Leadership Bible** definisce la frase *leadership in casa* come segue: *"Contrariamente a ciò che molti insegnano, la leadership in casa non riguarda il potere o il controllo. Paolo chiede la sottomissione reciproca (Efesini 5:21) e chiama i mariti ad essere figure di Cristo (5:23-25). E in che modo Cristo guidò la chiesa? Ha provveduto, insegnato, pianto, guarito ed è morto su una croce. Leadership spirituale significa rinunciare a se stessi per qualcun altro (5:25). Significa assumersi la responsabilità della salute e dello sviluppo delle proprie relazioni".* **numero arabo**

———————

Devozione scritta dal pastore Frank e Samuel Gervasi

———————

1.   Adattato da https://www.preachingtoday.com/illustrations/2024/october/myth-of-perfect-soulmate.html, consultato il 20/10/2024.
2.   NKJV Maxwell Bibbia della leadership. Copyright © 2002, 2007, 2018 di Maxwell Motivation, Inc.

Andare Più a Fondo – Un Devozionale di 30 Giorni

#22 - La Parte Dei Bambini
Leggi: *Efesini 6:1-4*

"Figli, ubbidite ai vostri genitori nel Signore, perché questo è giusto". **Efesini 6:1, CEI**

Ogni anno, tra il 29 gennaio e il 15 aprile, le persone iniziano il noioso lavoro di dichiarazione dei redditi. *"Una componente centrale della stagione fiscale è la richiesta di esenzioni da alcuni caricatori. E alcune delle cose che le persone hanno cercato di rivendicare come esenzioni fiscali nel corso degli anni possono essere comiche dal nostro punto di vista. Ad esempio, un uomo ha cercato di attutire il colpo di pagare per il matrimonio di sua figlia invitando alcuni dei suoi clienti aziendali e liquidando il matrimonio come intrattenimento aziendale. Altri, in più di un'occasione, hanno cercato di liquidare il proprio cane o gatto come dipendente. Inoltre, una famiglia ha costruito un rifugio antiatomico vicino a casa propria e ha cercato di rivendicarlo come medicina preventiva. Ovviamente, tutte queste affermazioni sono state negate".* **1**

Nelle settimane precedenti, abbiamo discusso dei ruoli familiari sia delle mogli che dei mariti. Ma alcuni di noi non sono né l'uno né l'altro. Queste persone possono cercare di *esentarsi* dalle linee guida date in Efesini 5-6, come l'esenzione fiscale. Ma tutti noi siamo bambini. E, quindi, tutti noi abbiamo un ruolo dato da Dio per onorarlo nelle nostre famiglie.

Grande idea: *i bambini hanno la responsabilità di obbedire ai loro genitori se vogliono la benedizione di Dio.*

Andare Più a Fondo – Un Devozionale di 30 Giorni

Nel nostro brano di oggi, l'apostolo Paolo si rivolge ai bambini di Efeso e al loro ruolo in una struttura familiare cristiana. I versetti 1-2 ci dicono: *"Figli, ubbidite ai vostri genitori nel Signore, perché questo è giusto. ' Onora tuo padre e tua madre' – che è il primo comandamento con una promessa – 'affinché ti vada bene e tu possa godere di lunga vita sulla terra'".* Ora, sarebbe facile notare la frase *"Obbedisci...nel Signore"* (corsivo aggiunto) e tentano di rivendicare un'altra esenzione. Non tutti abbiamo genitori che sono "nel Signore". Alcuni di noi hanno genitori che non conoscono Dio e non seguono la Sua Parola, oppure erano imperfetti nel loro stile genitoriale.

È importante notare che tutti i genitori sono ordinati da Dio e sono stati scelti da Lui per crescerci. Nessuno può scegliere la propria famiglia di origine: questo ruolo è riservato solo a Dio, ed Egli non commette errori. Dovremmo comunque obbedire ai nostri genitori, perché sono più grandi e più saggi di noi. Sono stati scelti da Dio per modellarci in ciò che voleva che diventassimo.

––––––––––

<u>Intuizione:</u> Una persona non supera l'obbedienza ai suoi genitori quando diventa adulta. Tutti noi, indipendentemente dalla nostra età, siamo ancora chiamati a trattare i nostri genitori con rispetto, ad ascoltare i loro consigli e, purché siano in linea con le Scritture, ad applicarli alla nostra vita.

––––––––––

Infine, ripensa alla promessa che ci viene fatta nel versetto 2 se obbediamo: *"'... Potrebbe andare bene per te e per goderti una lunga vita sulla terra".* Questo versetto ci mostra che si tratta di una relazione di causa-effetto. Se ci sottomettiamo alla Parola di Dio e accettiamo il ruolo che Dio ci ha affidato nella casa, otterremo i migliori risultati nella nostra famiglia. Qualunque sia il ruolo che Dio ci ha dato nella famiglia, possiamo essere certi che Dio ha una struttura e un modello su come onorarlo in quel ruolo. E sarà sempre il modo migliore!

––––––––––

<u>Sfida:</u> Qual è il ruolo familiare che Dio ha per me? Come posso crescere nell'adempiere a quel ruolo? Come posso rispettare i miei genitori oggi?

<u>Pregare:</u> Chiedere a Dio di aiutarmi a rispettare e obbedire ai miei genitori...

––––––––––

Andare Più a Fondo – Un Devozionale di 30 Giorni

Andando più a fondo:

A conclusione delle nostre due settimane di focus sui ruoli familiari biblici, la **Bibbia per lo Studio della Teologia Biblica NIV** sottolinea l'importanza di Cristo come centro delle nostre famiglie e fornisce la chiave per applicare questi versetti alla nostra vita: *"Dopo aver istruito i credenti su come vivere in modo degno della loro chiamata all'interno della comunità di fede (4:17—5:20), Paolo li istruisce su come vivere all'interno della casa. Il collegamento tra queste due sezioni è 5:21; la sottomissione richiesta nelle istruzioni domestiche **dipende dall'essere 'ripieni di Spirito'** [corsivo dell'autore] (5:18; vedi nota lì). Queste istruzioni differiscono principalmente dai codici tradizionali greco-romani per il fatto che presentano Cristo come il vero capo della famiglia. L'ordine all'interno di questi codici riflette il modo in cui la famiglia cristiana dovrebbe operare l'unità di Cristo su tutte le cose".*

_____

Devozione scritta dal pastore Frank e Samuel Gervasi

_____

1. Adattato da https://turbotax.intuit.com/tax-tips/fun-facts/7-of-the-craziest-illegal-tax-deductions-ever-claimed/L3ZElWEFZ, consultato il 20/03/2025.
2. Bibbia per lo studio della teologia biblica NIV. Copyright © 2019 di Zondervan.
3.

Andare Più a Fondo – Un Devozionale di 30 Giorni

23 - Prometto #1
Leggi: *Genesi 28:11-15*

———————————

"Io sono con te e veglierò su di te dovunque andrai, e ti ricondurrò in questa terra. Non ti lascerò finché non avrò fatto ciò che ti ho promesso". **Genesi 28:15, CEI**

———————————

"Una notte di tempesta una coppia di anziani entrò nella hall di un piccolo albergo e chiese una stanza. L'impiegato disse che erano pieni, e che probabilmente avrebbero trovato lo stesso in tutti gli alberghi della città. «Ma non posso mandare fuori sotto la pioggia una bella coppia come te. Saresti disposto a dormire nella mia stanza?' La coppia esitò, ma l'impiegato insistette.

La mattina dopo, quando l'uomo pagò il conto, disse: 'Sei il tipo di uomo che dovrebbe gestire il miglior hotel degli Stati Uniti. Un giorno te ne costruirò uno'. L'impiegato sorrise educatamente. Qualche anno dopo l'impiegato ricevette una lettera contenente un biglietto aereo; la lettera lo invitava a visitare New York. Quando l'impiegato arrivò, il suo ospite lo condusse all'angolo tra la 5th Avenue e la 34th Street, dove sorgeva un magnifico nuovo edificio. «Quello,» spiegò l'uomo, «è l'albergo che ho costruito per voi.» L'anziano non aveva dimenticato la promessa che aveva fatto all'impiegato. "Il nome dell'impiegato era William Waldorf Astor, e l'hotel era l'originale Waldorf-Astoria." 1

Oggi inizia la nostra serie di devozioni riguardanti la vita di Giacobbe. Guardando le promesse di Dio.

———————————

Grande idea: *Dio deve fare la promessa prima che noi possiamo rivendicarla come nostra.*

———————————

Andare Più a Fondo – Un Devozionale di 30 Giorni

Nel nostro brano di oggi, vediamo un'importante promessa di Dio. Dato specificamente a Giacobbe e ai suoi discendenti. Ciononostante, Dio fa spesso promesse ai suoi figli nella vita. Tuttavia, una persona non può sempre rivendicare ogni promessa fatta nella Scrittura per la propria situazione. Anche se le persone lo fanno spesso, non è necessariamente una buona cosa. Perché alcuni sono specifici di un gruppo o di un individuo nelle Scritture il più delle volte, anche se possiamo avere cose comuni che possiamo mettere in pratica.

Nella lettura di oggi l'incontro e la promessa erano per Giacobbe, mentre era in viaggio sappiamo dal testo che si ferma per la notte essendo stanco. E poi vediamo nel versetto 11 *"che prende una pietra su cui posare il capo".* Che potrebbe non essere stato l'ambiente più confortevole. Tuttavia, non dimenticate che Giacobbe fuggì in fretta. *A volte sembra che Dio scelga i momenti in cui siamo più ricettivi ad ascoltarLo.*

Inoltre, Giacobbe incontra Dio in un sogno che avrebbe cambiato la sua vita da quel momento in poi. Nel versetto 12 si dice: *"Fece un sogno in cui vide una scala che poggiava sulla terra, con la cima che raggiungeva il cielo. E gli angeli di Dio salivano e scendevano su di essa".*

Ora, in questo passaggio dovremmo esaminare alcune informazioni di base che possono aiutarci. Perché quello che stava succedendo è che Giacobbe era appena fuggito da casa sua ---ed era corso per allontanarsi da suo fratello Esaù ---temendo per la sua vita.

Se conosci la storia, Giacobbe aveva fatto alcune cose disoneste e ingannevoli nella sua vita. Infatti, era chiamato *l'Ingannatore* (Genesi 25:26), il che era caratteristico della sua natura a quel tempo. Perché aveva sedotto suo fratello Esaù e Isacco per alcune cose importanti, cioè due. Il suo diritto di primogenitura e la benedizione di Isacco, che erano entrambi riservati al figlio maggiore e non al più giovane, *(Genesi 25:28-34).* Ora la primogenitura fu presa su una scodella di minestra che Esaù voleva e la diede volentieri a Giacobbe, dopo essere tornato tutto il giorno dalla caccia. E la benedizione di Isacco fu presa fingendo di essere Esaù e ingannando il loro anziano padre la cui vista era andata male. *(Genesi 27)* E, quando Esaù scopre cosa era successo, si arrabbia e Giacobbe fugge verso Haran per vivere con uno zio, il che ci porta alla nostra storia attuale.

Ma poi fa una potente promessa a Giacobbe, non è vero? *"Io sono l'Eterno, l'Iddio di Abramo, tuo padre, e l'Iddio di Isacco."* Le stesse promesse che aveva fatto in precedenza ad Abraamo e Isacco. E lo stava riaffermando di nuovo qui. E la promessa stessa era riservata ai loro discendenti perché era una promessa per una terra specifica che è ancora oggi contestata.

Intuizione: Se Dio ci ha fatto una promessa, dovremmo metterla in pratica nella nostra vita nel miglior modo possibile.

Infine, Dio farà tutto il necessario per attirare la nostra attenzione nella vita. Forse, per qualche decisione importante che siamo sul punto di prendere. Forse, si tratta di un nuovo lavoro per cui lo stavi cercando, ---o di una relazione in cui ti trovi e non sai come procedere. Se questo è il tuo obiettivo in primo luogo. O forse si tratta di una nuova area della tua vita che sta per cambiare e Lui vuole davvero attirare la tua attenzione.

Qualunque cosa Dio prometta, farà in modo che accada. Ed è contingente al fatto che Dio lo veda, non noi. *Charles Stanley dice che: "Dio rimarrà sempre con noi e manterrà tutte le promesse che ci ha fatto, anche quando attraversiamo le tempeste della vita. Quando ci chiediamo se Lui è lì, c'è!"* **numero arabo**

Sfida: Qual è la promessa che Dio ha per me? Come posso applicarlo al meglio alla mia situazione?

Pregare: Chiedere a Dio di aiutarci a confidare pienamente nelle Sue promesse sempre...

Andando più a fondo:

La **Bibbia per lo Studio della Grazia e della Verità** riguardo a Genesi 28:10-17: *"L'autore torna indietro per descrivere una tappa particolare nel viaggio di Giacobbe da Beersheba a Harran. Dopo circa due o tre giorni di viaggio, Giacobbe si ferma in un luogo chiamato Luz, situato a circa 60 miglia da Beersheba. Ironia della sorte, la prima volta che Giacobbe si sveglierà veramente*

Andare Più a Fondo – Un Devozionale di 30 Giorni

è quando va a dormire, perché è nella quiete dell'inattività che sente Dio. Questo è il secondo sogno nella Bibbia in cui qualcuno sperimenta esplicitamente una rivelazione di Dio (cfr 20:3). Giacobbe sogna una scala per il cielo sulla quale gli angeli scendono e salgono, seguendo le loro indicazioni dal Signore, che sta in cima alla scala. La scala è più simile a una rampa che a una scala, simile alla torre di Babele, che gli esseri umani ribelli costruirono per unire il cielo alla terra.

In un atto di grazia, Dio stesso dà la promessa abramitica direttamente a Giacobbe. Dio ora per la prima volta si chiama non solo il Dio di Abramo, ma anche il Dio di Isacco. Nonostante tutto, sarà anche il Dio di Giacobbe. Quando Giacobbe si sveglia, lo stupore lo travolge. Le parole tradotte "spaventoso" e "tremendo" (28:17) derivano dalla stessa parola ebraica che significa paura. Insieme catturano l'esperienza maestosa di una creatura che entra alla presenza del suo Creatore. Giacobbe risponde che questo luogo è significativo perché non è altro che la casa di Dio ("Betel") e la porta del cielo, il luogo dove cielo e terra sono uniti. Gesù alla fine servirà come un ponte tra il cielo e la terra (Gv 1:51), portando finalmente la storia della Bibbia alla completa unità (Apocalisse 21:3)".

3

Devozione scritta dal pastore Frank e Samuel Gervasi

---

1. www.sermoncentral.com/sermonillustrations/77498/astor-s-promise-by-gordon-curley, consultato il 27/10/2024.
2. Charles Stanley Life Application Bible, Bible Gateway Plus, www.biblegateway.com, consultato il 20/03/2025.
3. NIV Grace & Truth Bible, Bible Gateway Plus, www.biblegateway.com, consultato il 20/03/2025.

Andare Più a Fondo – Un Devozionale di 30 Giorni

#24 - Te Lo Prometto #2
Leggi: *Genesi 28:13-17*

"Aveva paura e ha detto: 'Com'è fantastico questo posto! Questa non è altro che la casa di Dio; questa è la porta del cielo'". **Genesi 28:17**

C'è una storia su "un'infermiera che vive nel Regno Unito. Nella struttura sanitaria in cui lavora c'è un paziente con demenza con cui l'infermiera pranza ogni giorno. *L'unico problema è che ha sempre paura che non torni. Che la dimenticherò,* disse Elizabeth..... Così, un giorno, Elizabeth scrisse a questa paziente un biglietto, promettendo che si sarebbe ricordata di pranzare con lei e di non dimenticarla. La paziente prese questo biglietto e lo mise nella sua stanza. E nei giorni e nelle settimane che seguirono, questa paziente guardava il biglietto e ricordava la promessa che era stata fatta se se ne fosse dimenticata e avesse cominciato a preoccuparsi". **1**

Domenica scorsa, abbiamo iniziato a concentrarci sulla vita di Giacobbe e sulle promesse di Dio a lui. Oggi vedremo l'importanza di ricordare le promesse di Dio, proprio come l'anziana donna che guardò il biglietto e si ricordò della promessa che le era stata fatta.

Grande idea: *A volte dobbiamo riflettere sulle promesse di Dio per consolidarle ulteriormente nei nostri cuori.*

Nei versetti 16 e 17, vediamo Giacobbe svegliarsi dalla sua visione della scala, in cui Dio aveva promesso di benedire Giacobbe e i suoi discendenti e di stare con lui. E possiamo ovviamente vedere che tutta questa sequenza di eventi ha fatto

Andare Più a Fondo – Un Devozionale di 30 Giorni

impazzire un po' Giacobbe: *"Quando Giacobbe si svegliò dal suo sonno, pensò: 'Certo, l'Eterno è in questo luogo, e io non me ne sono accorto'. **Aveva paura...**"* (Genesi 28:16-17a; corsivo dell'autore)

La parola *paura* è interessante e cattura la nostra attenzione, perché porta con sé alcuni significati diversi. Implica una combinazione di paura e allarme e paura reverenziale. Questa combinazione ci mostra che Giacobbe era pienamente consapevole che il Dio dell'universo, e il Dio dei suoi antenati, gli aveva parlato direttamente.

__Intuizione:__ Dio è onnipresente – è sempre ovunque, e questo dovrebbe portarci ad essere più in soggezione nei suoi confronti e a fidarci ancora di più di Lui per adempiere le promesse che ci ha fatto.

Alcune persone hanno descritto questi versetti come l'esperienza di conversione di Giacobbe, quando finalmente smette di fuggire dal piano di Dio per la Sua vita e inizia a servire il Signore come il suo Dio. Quasi tutti noi possiamo ricordare il giorno della nostra conversione e il modo in cui ci fa riflettere su ciò che Dio ha fatto e su come ci ha parlato.

Riflettere e renderci conto di chi è Dio ci aiuta a credere nelle promesse che fa, e ricordare ciò che ha fatto in passato ci aiuta a continuare a credere quando l'attesa si fa lunga. Giacobbe fece queste cose, e questo lo aiutò a capire la promessa che Dio gli aveva fatto. E noi dovremmo fare la stessa cosa.

Josh McDowell ha detto: *"Sapere che Dio è fedele, mi aiuta davvero a non lasciarmi prendere dalle preoccupazioni. Ma sapendo che Egli farà ciò che ha detto. Lui farà sì che accada, qualunque cosa abbia promesso, pensandoci, allora mi farà essere meno coinvolto nel preoccuparmi di una situazione".* **numero arabo**

__Sfida:__ Su quali promesse di Dio devo riflettere? Quali promesse devo ricordare?

Andare Più a Fondo – Un Devozionale di 30 Giorni

Pregare: *Chiedere a Dio di aiutarmi a ricordare le Sue promesse e a consolidarle nella mia mente...*

_____

Andando più a fondo:

Il **Wycliffe Bible Dictionary** definisce la parola *promessa* come segue: "*Pur riferendosi occasionalmente alla parola di un uomo. L'uso caratteristico di 'promessa' nella Scrittura riguarda ciò che Dio dichiara che farà avverare ... La prima grande promessa di Dio all'uomo si trova in Genesi 3:15 che inaugura la successione che, con crescente chiarezza e dettaglio fino all'annunciazione, parla della venuta del Messia-Liberatore. Una vasta gamma di promesse è collegata più o meno direttamente a questa promessa centrale, tra cui la nuova alleanza (Ger 31:31-34), l'effusione dello Spirito (Gioele 2:28 ss.), la restaurazione di Israele (Deuteronomio 30:1-5) e, infine, nuovi cieli e nuova terra (Isaia 65:17; 66:22)... Il termine tecnico* **epangelia***, quindi, designa l'intero impegno misericordioso di Dio, espresso specialmente ad Abramo [e trasmesso a Giacobbe], di compiere la Sua piena opera di redenzione nel Messia, nel quale 'tutte le promesse di Dio sono sì ed amen' (II Cor 1:20)"*. **3**

_____

Devozione scritta dal pastore Frank e Samuel Gervasi

_____

1. Adattato da https://becauseisaidiwould.org/i-will-come-back-for-lunch/; come consultato il 29/10/24.
2. Josh McDowell, https://www.goodreads.com/author/quotes/4314.Josh_McDowell, consultato il 29/10/2024.
3. Dizionario biblico Wycliffe, di Charles F. Pfeiffer, Howard F. Vos e John Rea. Copyright © 1999 di Hendrickson Publishers. Tutti i diritti riservati.

Andare Più a Fondo – Un Devozionale di 30 Giorni

#25 - Memoriali Nel Contesto
Leggi: *Genesi 28:16-19*

"Chiamò quel luogo Betel, benché la città si chiamasse Luz". **Genesi 28:19, CEI**

Il cimitero nazionale di Arlington è il luogo di sepoltura nazionale degli Stati Uniti nella contea di Arlington, in Virginia, sul fiume Potomac, proprio di fronte a Washington, D.C. Il cimitero occupa attualmente 612 acri. Il primo soldato sepolto (13 maggio 1864) nella piantagione di Lee fu un prigioniero confederato che era morto in un ospedale locale. Quel giorno furono sepolti altri sessantaquattro soldati, tra cui alcuni nel roseto della tenuta, e alla fine del 1864 erano stati sepolti più di 7.000 soldati. Il cimitero divenne successivamente il luogo di sepoltura per le vittime di tutte le guerre degli Stati Uniti a partire dalla rivoluzione americana. Da allora ad Arlington sono stati sepolti soldati e civili di spicco, fungendo da memoriale per ricordarli. "1

Di recente, abbiamo iniziato a concentrarci sulla vita di Giacobbe e sulle promesse che Dio gli ha fatto. Oggi vedremo l'importanza di ricordare le promesse di Dio e gli incontri chiave che le persone hanno con Lui usando i memoriali.

Grande idea: *i promemoria sono utili, se ci portano a un apprezzamento più profondo di Dio stesso.*

I promemoria vanno bene, se ci portano a una maggiore riverenza verso Dio e ci avvicinano a Lui. Perché, in sostanza, l'impostazione di promemoria è un modo per commemorare l'evento stesso. Opportunità per pensare e rivivere l'incontro

Andare Più a Fondo – Un Devozionale di 30 Giorni

nella nostra mente. Ed è una buona cosa nella maggior parte dei casi, se ci porta ad un apprezzamento più profondo delle promesse e *di* Dio.

Nel caso di Jacob, fa un paio di cose importanti ma diverse, non è vero? Guardate a partire dal versetto 18: *"Il mattino seguente, di buon'ora, Giacobbe prese la pietra sotto la quale aveva posto il capo, la eresse come una colonna e vi versò sopra dell'olio. Chiamò quel luogo Betel, anche se un tempo la città si chiamava Luz".* Nota come fa anche tre cose diverse per aiutare a ricordare. In primo luogo, Giacobbe usò un ponte o una cravatta, qualcosa che proveniva dall'evento reale, come la *"pietra" (vv.17, 18)* su cui posò la testa. Probabilmente per ricordare, quando l'ha vista, ancora più chiaramente, e cosa è successo quel giorno.

In secondo luogo, ha anche consacrato il luogo, il che significa che lo ha messo da parte e ha tenuto una mini cerimonia in cui ha potuto commemorarlo ulteriormente. Perché poi Giacobbe *"vi versò sopra dell'olio". (v.18)* Che ovviamente *non lo faceva* per scopi di preghiera, ma solo un altro modo che lo avrebbe indotto a ricordare ulteriormente l'evento.

Poi, infine, rinomina la posizione, che le dava quella nuova, definitiva identificazione. E il nome stesso *"Betel"* significa *"Casa di Dio". (v. 19),* che rimase per molti anni in Israele con quel nome.

––––––––––––––

Intuizione: i memoriali sono buoni, ma non dovrebbero mai sostituire Dio o il rapporto di una persona con Dio. In sé e per sé non contengono nulla di unico, se non la riflessione.

––––––––––––––

Tuttavia, se hai notato che ho detto che i memoriali sono buoni in *alcuni* casi. Tuttavia, non in tutti i casi, perché possono avere un risultato indesiderato anche, specialmente, quando si riferiscono a questioni di fede. Questo perché vogliamo essere cauti che non sostituiscano Dio, che non vadano da Lui in preghiera o in quel momento personale a tu per tu. Inoltre, qualcuno dovrebbe stare attento a non credere che il memoriale abbia un potere speciale in sé e per sé. Come una statua o qualcosa del genere, perché dovrebbero farci apprezzare più profondamente l'evento o la promessa, ma non sostituirla. C.S. Lewis dice: *"Un*

Andare Più a Fondo – Un Devozionale di 30 Giorni

piacere è pienamente cresciuto solo quando è il ricordo. Stai parlando... come se il piacere fosse una cosa e la memoria un'altra. È tutta una cosa". **numero arabo**

Sfida: **Quali memoriali sono importanti per me per riflettere su Dio? A quali ho permesso di sostituire il mio tempo con Lui?**

Prega: **Chiedendo a Dio, di aiutarci a ricordare sempre la tua bontà verso di noi...**

Andando più a fondo:

Il **Commentario dell'Applicazione NIV** commenta Genesi 28:12-16 come segue: *"Quando Giacobbe si sveglia, ha due risposte. (1) Riconosce la natura del luogo, che comporta tre passi. (a) Identifica la sacralità del luogo. I portali erano associati allo spazio sacro. È già stato notato che le ziggurat, che rappresentano portali, erano costruite accanto ai templi, che delimitavano lo spazio sacro. Poiché Giacobbe ha visto un portale qui, identifica lo spazio come uno spazio sacro, una casa di Dio. Questa casa di Dio si trova all'estremità terrestre del portale, mentre l'altra estremità del portale è la porta del cielo. Nella letteratura mesopotamica, la scala conduceva alla porta degli dei, e Giacobbe la pensa in questi stessi termini. (b) Giacobbe erige la pietra come una colonna. I pilastri sacri e i megaliti sono familiari nell'ambiente religioso del mondo antico. Gli archeologi li hanno trovati in una varietà di ambienti cultuali risalenti al quarto millennio al primo. Possono essere naturali o intagliati, incisi o semplici. I Cananei li usavano (ad esempio, nell'alto luogo di Ghezer), e furono trovati nell'installazione cultuale israelita di Arad. L'unzione della colonna costituisce la sua dedicazione. Alcune delle pietre erette che sono state trovate includono bacini alla base per le libagioni.* Queste pietre sono a volte intese come i luoghi di dimora della divinità (case di dio)".* **3**

Devozione scritta dal pastore Frank e Samuel Gervasi

---

1. Adattato da https://www.britannica.com/place/Arlington-National-Cemetery; consultato il 31/10/2024.
2. Quotazioni AZ, https://www.azquotes.com/quote/381374, consultato il 31/10/2024.
3. Commento all'applicazione NIV, Genesi, John Walton, Zondervan Academic 10/01/2000.

Andare Più a Fondo – Un Devozionale di 30 Giorni

#26 - Un Impegno Tutto Suo
Leggi: *Genesi 28:20-22*

"'... allora l'Eterno sarà il mio Dio...'" **Genesi 28:21b, CEI**

Una delle parti più importanti di una cerimonia nuziale è l'"io sì", in cui ciascuno dei membri di quel matrimonio promette di amare e di stare al fianco dell'altro come una promessa davanti a Dio. Per commemorare questo impegno, i membri del matrimonio indossano un anello al dito, per ricordare a se stessi l'impegno che stanno prendendo. Nella nostra devozione di oggi, concludiamo la nostra attenzione sull'incontro di Giacobbe con Dio alla Betel. E vedremo come le promesse che Dio aveva fatto spingono Giacobbe a rispondere con una sua promessa.

Grande idea: *le promesse di Dio dovrebbero portarci all'impegno e alla relazione.*

Nel versetto 20, vediamo che *"Allora Giacobbe fece un voto...".* In questa risoluzione, Giacobbe esprime il suo desiderio di servire Dio e di seguirLo se Dio si prenderà cura di Giacobbe e manterrà le promesse che aveva fatto nella visione. Il nostro passaggio elenca cinque piccoli elementi di questa promessa che Giacobbe fa davanti a Dio. Per prima cosa, chiede a Dio di provvedere. Ricorda che Giacobbe fuggì bruscamente di casa per sfuggire alla rappresaglia di suo fratello Esaù, quindi Giacobbe stava dichiarando la sua dipendenza dal Signore per provvedere a beni di prima necessità come cibo e vestiti. Anche Giacobbe chiede la protezione di Dio mentre viaggiava da solo attraverso il deserto. Successivamente, Giacobbe si impegna a servire personalmente Yahweh come il suo Dio, come vediamo nel versetto 21b: *"'... allora l'Eterno sarà il mio Dio...'"* (NIV; corsivo aggiunto). Giacobbe aveva visto personalmente la gloria di Dio, e voleva entrare in una relazione personale con questo Dio di promesse.

Intuizione: *Dio desidera avere una relazione personale con ogni persona, affinché siano Suoi figli e siano conosciuti da Lui. Egli desidera essere in*

Andare Più a Fondo – Un Devozionale di 30 Giorni

comunione con coloro che Lo temono.

Dopo che Giacobbe si è impegnato in questa relazione personale, va un po' oltre, promettendo non solo di ricordare la promessa che Dio gli aveva fatto alla Betel, ma anche di dare i suoi tesori e le sue risorse come offerta a Dio: *"... e di tutto quello che mi dai, io te ne darò un decimo".* (v. 22) Dio desidera che ci impegniamo con Lui e siamo in relazione con Lui. E quando ci fa una promessa, dovremmo essere spinti a impegnarci a Lui in cambio. Perché Dio è fedele nell'adempiere ciascuna delle Sue promesse.

Sfida: **Come reagisco quando Dio mi fa una promessa? Come posso servirLo e seguirLo con gratitudine oggi?**

Pregare: **Chiedere a Dio di prendersi cura di me e di aiutarmi a servirlo considerando le Sue promesse...**

Andando più a fondo:

Il commento dell'Antico Testamento dice : *"Nel mondo antico i voti generalmente implicavano una richiesta fatta alla divinità con la promessa di un dono in cambio quando la richiesta fosse stata soddisfatta. La richiesta riguardava spesso la protezione o l'approvvigionamento, e il dono era tipicamente un sacrificio o una donazione al santuario della divinità. I dettagli in questo capitolo sono conformi a questo modello. Dio ha promesso protezione, provviste e ritorno alla terra, così Giacobbe fa di questi la condizione del dono che gli è stato offerto: una decima di tutto ciò che acquisisce durante la sua assenza. La ricchezza e il possesso nel mondo antico non si basavano sul denaro, quindi Giacobbe si aspetta di guadagnare greggi e armenti. Anche se a volte le decime possono essere una forma di tassazione, questa decima non è imposta a Giacobbe. I doni relativi ai voti venivano solitamente dati al tempio (sia per mezzo di sacrifici che di donazioni), ma in questo caso dovrà essere un sacrificio perché le donazioni devono essere consegnate agli amministratori del tempio, e qui non c'è un tempio formale. Giacobbe ritorna a Betel per adempiere il suo voto in Genesi 35".* **1**

Devozione scritta dal pastore Frank e Samuel Gervasi

1.   Zondervan Illustrated Bible Backgrounds Commentario dell'Antico Testamento, Copyright ©
2002.

Andare Più a Fondo – Un Devozionale di 30 Giorni

#27 - In Primo Piano
Leggi: *Giovanni 5:1-15*

"Vuoi guarire?" Giovanni 5:6, CEI

Nella nostra devozione di oggi iniziamo a guardare alla preghiera. E studieremo la storia di un uomo che aveva bisogno della guarigione di Dio. Era invalido, da molto tempo e aveva provato molte volte a fare quello che alcuni malati erano abituati a fare, ma aveva avuto difficoltà. In effetti, vedremo alcuni atteggiamenti comuni, soprattutto quando si tratta di cambiare la vita delle persone o di superare gli ostacoli in una particolare area della vita.

Grande idea: *quando cerchiamo di superare gli ostacoli, dovremmo pregare con concentrazione*

Quando affrontiamo una sfida, dobbiamo capire il tuo ostacolo (vv. 1-4). Ciò significa che se vogliamo cambiare in qualche modo, che si tratti di una grande o piccola sfida, dobbiamo capire di cosa si tratta pienamente. Ora, nel caso della storia, la sfida era la guarigione fisica. Ma c'erano anche degli ostacoli che si trovano nell'arena mentale che stiamo per esaminare. La location stessa si chiamava "Bethesda", a seconda della versione. Tuttavia, il versetto 2 dice: *"Ora c'è a Gerusalemme, vicino alla Porta delle Pecore, una piscina, che in aramaico si chiama Betesda[a] e che è circondata da cinque colonnati coperti".*

Alcuni hanno suggerito che significhi *"Casa della misericordia",* (sconosciuto). Tuttavia, era uno che Gesù conosceva bene, perché era il luogo in cui si nutrivano i 5000. Così come uno dei discepoli, Filippo era di lì. Ma anche, nel v.2 menzionano una porta delle pecore. Quindi, c'era la compravendita di pecore, anche una piscina per abbeverare le pecore, probabilmente anche i pastori. Quindi, si può un po' immaginare l'ambiente circostante. Tuttavia, pensa anche

Andare Più a Fondo – Un Devozionale di 30 Giorni

all'atmosfera che c'era, c'erano diversi ostacoli. In primo luogo, c'erano molte persone disabili: il che significa che i malati erano in giro. Infatti, il versetto 3 dice: *"Un gran numero di malati"*. Quindi, penso che potrebbe essere stato un po' deprimente, e un po' triste surroundings.

_____

Intuizione: **A prescindere dall'ostacolo, Dio può portare la vittoria, ma noi dovremmo superare gli atteggiamenti negativi e mostrare fede confidando pienamente**
in Lui

_____

I vari livelli di bisogno sono opportunità per mostrare la nostra fede in Dio. Nel brano di oggi ne cita un altro paio. *"Qui giaceva un gran numero di disabili: ciechi, zoppi, paralizzati. 5 Uno che era là era invalido da trentotto anni.* Non per minimizzare le sfide fisiche, ma i non vedenti erano forse i meno dipendenti dagli altri. Perché possono ancora camminare e fare alcune cose da soli. Tuttavia, lo zoppo potrebbe essere stato solo una o due parti del corpo non funzionanti. Tuttavia, i paralizzati erano probabilmente i peggiori di loro perché questo potrebbe essere stato di natura totale. Inoltre, la durata del bisogno era lunga perché il versetto 5 dice: *"era invalido da trentotto anni"*.

Indipendentemente da quanto grandi o difficili siano le nostre sfide nella vita, dovremmo rimanere concentrati perché Dio è capace e possiamo fidarci pienamente di Lui.

_____

Sfida: **Come affrontiamo le sfide della vita? Preghiamo con concentrazione o no??**

Pregare: **Chiedere a Dio di darci concentrazione e intuizione che possono aiutarci a darci fede quando preghiamo...**

_____

Andando più a fondo:

Il commentario dell'Antico Testamento dice Zondervan : *"Una piscina . . . chiamato Betesda (5:2). I bagni pubblici erano standard nelle città greco-romane e la gente vi si riuniva. Un rotolo di Qumran attesta il nome di questa piscina*

Andare Più a Fondo – Un Devozionale di 30 Giorni

(3Q15 11.12-13), e gli archeologi hanno scoperto una piscina in questa località che corrisponde esattamente a questa descrizione. Sebbene gli studiosi non siano tutti d'accordo sul sito di Bethesda (o sulla sua esatta ortografia), molti preferiscono un sito sotto la Chiesa di Sant'Anna a Gerusalemme, appena a nord-nordest del tempio. Le piscine erano abbastanza grandi (come un campo da calcio) e profonde circa venti piedi. Questo sito aveva due piscine gemelle, circondate da quattro portici, o portici, e un portico (un quinto) al centro che separava le piscine (forse separando i sessi). Sebbene Giovanni scriva dopo che Gerusalemme fu distrutta nel 70 d.C., il suo ricordo del sito è accurato. 1

Devozione scritta dal pastore Frank e Samuel Gervasi

---

1.   Zondervan Illustrated Bible Backgrounds Commentario dell'Antico Testamento, Copyright © 2002.

Andare Più a Fondo – Un Devozionale di 30 Giorni

Andare Più a Fondo – Un Devozionale di 30 Giorni

#28 - Raccogli Il Tuo Tappetino
Leggi: *Giovanni 5:5-15*

"Subito, l'uomo fu guarito; Ha preso il suo tappetino e ha camminato". **Giovanni 5:9a, CEI**

Bubble Wrap ha festeggiato il suo anniversario d'oro nel gennaio del 2010. Sebbene la funzione principale sia quella di fornire una sicurezza ammortizzata, *"il pluriball è stato originariamente inventato per un altro uso: la carta da parati. Alla fine degli anni '50, un designer di New York era alla ricerca di un nuovo tipo di rivestimento murale strutturato, ma l'idea non decollò mai. Gli inventori Marc Chavannes e Al Fielding immaginarono un'applicazione diversa per la carta da parati frizzante. Hanno deciso di fare un cambiamento e hanno creato un'industria con un fatturato annuo di 4 miliardi di dollari. La visione di questi due inventori ha fatto la differenza tra il successo e il fallimento di Bubble Wrap".* **1**

A volte, tutti noi arriviamo a un punto in cui quello che abbiamo fatto non funziona e abbiamo bisogno di un cambiamento, una trasformazione, se vogliamo. Come cristiani, abbiamo accesso al potere che cambia la vita in Cristo, ma a volte le nostre emozioni e i nostri atteggiamenti possono ostacolarci.

Grande idea: *quando cerchiamo una trasformazione nella vita, dobbiamo superare gli atteggiamenti e le mentalità negative che ci si presentano.*

Qualunque sia l'area in cui stiamo cercando di cambiare, possiamo essere certi che ci saranno persone le cui disposizioni e prospettive cercheranno di ostacolare la crescita che stiamo cercando.

Andare Più a Fondo – Un Devozionale di 30 Giorni

Guardate i vv. 9b-10 *"Il giorno in cui avvenne questo era un sabato, e così i capi dei Giudei dissero all'uomo che era stato guarito: 'È il sabato; la legge ti proibisce di portare la tua barella."* (NIV) Se questa non è la cosa più orribile da dire a qualcuno che è stato storpio e poi guarito! Ma se guardiamo più da vicino, possiamo vedere che i leader religiosi non sono stati gli unici a portare il loro bagaglio in questa situazione: anche gli invalidi avevano i loro ostacoli! Nel versetto sei, Gesù pone una domanda che sembra ridicola in superficie: *"'Vuoi guarire?'"* Non è ovvio per Gesù che la risposta è un categorico "SÌ!!"? Eppure guardate la risposta dell'invalido a Gesù nel v.7: *"Non ho nessuno che mi aiuti a entrare nella piscina quando l'acqua si agita. Mentre sto cercando di entrare, qualcun altro mi precede".* Quando gli si presenta l'opportunità di andare avanti con la trasformazione nel presente, guarda invece al passato e rivela un atteggiamento di profondo scoraggiamento. Sembra che forse abbia anche rinunciato a cercare la guarigione. Forse la domanda di Gesù non era poi così ridicola.

Intuizione: ogni persona è diversa, fisicamente, nel carattere e nella mentalità. È importante capire noi stessi per capire gli atteggiamenti esatti che dovremo superare.

Ancora oggi, noi cristiani portiamo la nostra mentalità negativa sul tavolo quando Dio vuole fare qualcosa di grande nella nostra vita. Alcuni di noi hanno un cuore calloso che è sospettoso e diffidente nei confronti di Dio a causa delle prove passate. Alcuni di noi hanno una visione paurosa che guarda più agli ostacoli che alla potenza di Dio e quindi si rifiuta di scendere dalla barca. Alcuni di noi portano una negatività tossica, che rifiuta di gioire delle benedizioni di Dio e si aspetta sempre il peggio, a causa della paura di essere delusa. Dio desidera che abbandoniamo questi atteggiamenti negativi, che ci fidiamo pienamente di Lui e permettiamo al Suo potere di cambiare la vita di fare la sua opera. Questo non vuol dire che, poiché abbiamo fede, riceveremo sempre il risultato desiderato; ma è per dire che quando confidiamo in Dio, la trasformazione senza ostacoli che Egli porta sarà sempre per il nostro meglio.

Alla fine, l'invalido alla piscina fu guarito quel giorno e Gesù cambiò completamente la sua vita. Anche noi potremmo aver bisogno della

Andare Più a Fondo – Un Devozionale di 30 Giorni

trasformazione di Dio in qualche ambito della nostra vita. Deponiamo quegli atteggiamenti e quelle mentalità che ci ostacolano e scegliamo invece di confidare e arrenderci a Lui.

Sfida: Quali sono alcuni atteggiamenti che non portano gloria a Dio? Come posso superarli e scegliere di fidarmi oggi?

Pregare: Chiedere a Dio di aiutarmi ad avere fiducia, indipendentemente dagli ostacoli che affronto...

Andando più a fondo:

Nel versetto 5, ci viene detto che l'invalido stava aspettando alla piscina la guarigione da *trentotto anni!* La **NKJV MacArthur Study Bible, 2nd Edition** dice a proposito di questo numero: *"Giovanni incluse questa figura per enfatizzare la gravità della malattia debilitante che affliggeva l'individuo. Poiché la sua malattia era stata testimoniata da molte persone per quasi 4 decenni, quando Gesù lo guarì tutti conoscevano la genuinità della guarigione (cfr v. 9)". numero arabo*

Devozione scritta dal pastore Frank e Samuel Gervasi

---

1. Ministero 127, https://ministry127.com/resources/illustration/the-importance-of-being-flexible, consultato il 21/03/2025.
2. Copyright © 1997, 2006, 2019 di Thomas Nelson. Tutti i diritti riservati.

Andare Più a Fondo – Un Devozionale di 30 Giorni

#29 - I Semi Che Stiamo Piantando
Leggi: *Filippesi 1:1-11*

"È giusto che io provi questa sensazione per tutti voi, poiché vi ho nel mio cuore e, sia che io sia in catene o che difenda e confermi il Vangelo, tutti voi condividete la grazia di Dio con me". **Filippesi 1:7, CEI**

Un giorno, quando un ragazzo tornò a casa da scuola, trovò il camioncino di un vicino che portava nel giardino della sua famiglia. A quanto pare, il padre del ragazzo aveva detto al vicino che poteva avere gli steli di mais per il foraggio. Così, il giovane è salito sul letto del giardino e ha aiutato a tirare fuori gli steli dalle radici mentre li gettava nel pianale del camion. Quando hanno finito, l'intera area sembrava essere stata appositamente preparata per la semina. Così, il ragazzo andò a prendere un sacchetto di noccioline che gli aveva dato sua nonna. Li ha distanziati su e giù per le file e ha finito le noccioline proprio quando ha finito le file. Tutto sembrava perfetto. Tuttavia, è stato solo *dopo* una sculacciata approfondita da parte di suo padre che gli è stato chiarito che il letto vuoto non era per le noccioline che aveva piantato. Il padre l'aveva destinata a qualche altra verdura, ma ben presto quell'orto pieno di arachidi si trasformò in una fioritura. La resa produsse una branda dell'esercito piena di arachidi da asciugare.

Grande idea: *Conoscere Gesù e vivere per Lui produce buoni frutti che glorificano Dio ed edificano gli altri.*

Potremmo non piantare arachidi in questi giorni, ma stiamo tutti piantando semi che producono frutti in futuro. Ho sentito una persona dire: "Ciò che siamo all'interno, si mostrerà sempre all'esterno". La chiesa di Filippi fu lodata

Andare Più a Fondo – Un Devozionale di 30 Giorni

dall'apostolo Paolo per i frutti che la loro vita stava producendo, in due aree principali.

Per prima cosa, li ha elogiati per averlo aiutato a condividere il Vangelo con gli altri, usando la frase *"... la vostra collaborazione nel Vangelo..."* nel versetto 5. Mi piace perché mostra una mentalità che si rende conto che una chiesa cresce quando l' *intero* corpo ecclesiale si assume la responsabilità di portare agli altri la Buona Novella. E se ci pensate, sono stati fedeli nel fare questo, perché anche lui usa la frase "dal principio". Il che implica che la loro fedeltà nel condividere il Vangelo è stata di gran period._____

Intuizione: *Vivere la vita in obbedienza ai comandamenti di Dio è il modo migliore per creare un impatto duraturo in questo mondo. Come credenti, iniziamo naturalmente a produrre "il frutto della giustizia" perché Cristo vive in noi. Ma spesso dobbiamo ancora scegliere di obbedire a Dio e vivere la nostra fede.*

_____

Anche la chiesa di Filippi fu lodata per la sua generosità. Erano disposti a usare le risorse finanziarie che Dio aveva loro affidato per portare avanti la Sua opera. La chiesa di Filippi aveva precedentemente inviato doni alla chiesa perseguitata di Gerusalemme e aveva sostenuto missionari come Timoteo ed Epafrodito. Tutte queste cose hanno dimostrato la loro generosità.

L'apostolo Paolo rispose a questo frutto che la chiesa aveva dimostrato prima di tutto ringraziando Dio per loro. Non solo di sfuggita, ma "ogni volta che mi ricordo di voi" (v. 3) e "per tutti voi". (v. 4) E infine, pregò che *"... il loro amore abbonderebbe sempre più in conoscenza e profondità di perspicacia..."* (v. 9) La chiesa di Filippi aveva prodotto buoni frutti, ma c'era anche spazio per crescere. Anche per noi oggi, non importa da quanto tempo siamo cristiani o quanto siamo cresciuti in passato, nessuno di noi arriverà. Tutti noi abbiamo bisogno di continuare a crescere e diventare più simili a Gesù. Paolo stava pregando che Cristo continuasse a lavorare nella loro vita. E alla fine, avrebbero portato gloria a Dio, tutto perché stavano trovando la loro identità in Lui e producevano il *"frutto della giustizia che viene per mezzo di Gesù Cristo alla gloria e alla lode di Dio".* (v. 11)

Andare Più a Fondo – Un Devozionale di 30 Giorni

"Nella Scrittura la parola 'seme' è usata letteralmente per indicare l'organismo vegetale essenziale che permette alla specie di riprodursi (Genesi 1:11)... È anche usato in molti modi figurativi: della progenie umana, dei discendenti e della progenie (Gen. 3:15, 13:15); della 'parola del regno' (Mt. 13:3-23); dei 'figli del regno dei cieli' (Mt. 13:38); della 'parola di Dio' (Lc 8, 11; 1 Pt 1, 23); e del 'regno dei cieli' stesso (Mt. 13:31-32)". 1

_____

Sfida: **Quali frutti sta producendo la mia vita? Porta gloria e lode a Dio o no? Come posso continuare a crescere nel mio cammino con Cristo?**

Pregare: **Chiedendo a Dio di continuare la Sua opera buona in me, affinché io possa portare frutto gradito a Lui...**

_____

Andando più a fondo:

*Nella preghiera dell'apostolo Paolo, nel versetto 9, egli prega che l'amore dei Filippesi abbondi **"sempre più"**. Questa frase ci dà l'immagine di un passo sopra un altro e sopra un altro. Il che ci dimostra questo: **la santificazione non è sempre istantanea**. Dal punto di vista posizionale, veniamo "santificati" e lavati nel momento in cui accettiamo Cristo. Ma il vero "how-to" e l'applicazione sono un processo. A volte sono 2 passi avanti e 1 passo indietro. A volte è 1 passo avanti e 2 passi indietro! Ma dobbiamo ricordarci che siamo un work in progress. Cristo sta ancora lavorando nella nostra vita per renderci più simili a Lui. Consolatevi oggi che, "... colui che ha cominciato in voi un'opera buona, la porterà a compimento fino al giorno di Cristo Gesù". (v. 6)*

Devozione scritta dal pastore Frank e Samuel Gervasi

_____

1.   Dizionario biblico di Wycliffe, p. 1543, Charles F. Pfeiffer, Howard F. Vos, John Rea

Andare Più a Fondo – Un Devozionale di 30 Giorni

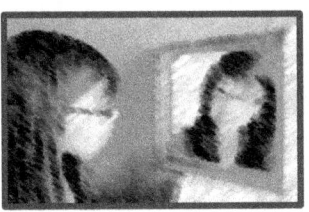

#30 - Chi è La Persona Nello Specchio?

Leggi: *Giacomo 1:19-27*

"Chiunque ascolti la parola ma non faccia quello che dice è come uno che si guarda in faccia in uno specchio e, dopo essersi guardato, se ne va e si dimentica subito che aspetto ha". **Giacomo 1:23-24, CEI**

Warren Wiersbe racconta nel suo libro **Be Free** il fatto che giovani pastori e ministri visitavano spesso il grande predicatore britannico G. Campbell Morgan. Spesso gli chiedevano il segreto del suo successo. Perché si diceva che avesse una fede cristiana genuina e solida. Si dice che Morgan abbia risposto: *"Dico sempre loro la stessa cosa: lavoro; fatica; E ancora, lavoro!"* **1** E Morgan seguì il suo stesso consiglio. Era nel suo studio ogni mattina alle 6 e trovava ricchi tesori dalla sua Bibbia da passare al popolo di Dio.

Grande idea: *Praticare i comandamenti biblici è per tutti i credenti e dovrebbe essere praticato in modo che ogni persona possa crescere, evitando l'ipocrisia.*

Dio vuole che ci sforziamo di crescere, praticando sempre i principi biblici e applicandoli alla nostra vita. *"Fratelli e sorelle" (v. 19)* erano termini riservati ai seguaci di Cristo. A volte le persone vogliono dire che Dio ci farà crescere se Lo perseguiamo. E questo è vero, ma questo non dovrebbe mai essere usato come scusa per NON provare, spingere, sforzarsi e tentare deliberatamente di diventare un credente maturo in Gesù Cristo, specialmente nelle aree in cui possiamo. Ora, naturalmente, le aree che sono difficili per noi in particolare, richiederanno l'aiuto di Dio attraverso lo Spirito Santo e la preghiera.

Giacomo elenca diverse aree in cui viene mostrata una vita matura. Ad esempio, essere un buon ascoltatore *"Tutti dovrebbero essere veloci ad ascoltare e lenti a parlare". (v. 19)*. Elenca anche il controllo del nostro temperamento, *"lento ad arrabbiarsi". (v. 19)*. Oltre a evitare comportamenti malvagi, «*Sbarazzatevi dunque di ogni sozzura morale e del male che è così diffuso*» (v. 21). Tutti i modi sono caratteristici di una persona matura nella fede.

––––––––––

Intuizione: **L'apprendimento dei comandamenti di Dio dovrebbe essere appreso e messo in pratica sempre, in modo da poter sperimentare il meglio di Dio. Dovremmo anche evitare le mentalità che ostacolano il nostro cammino di fede.**

––––––––––

Le ragioni possono essere molte per cui non sperimentiamo il meglio di Dio nella vita. A volte si può avere la *sensazione di non poter più crescere* o di *non rendersene conto quando non lo facciamo a* causa dell'ignoranza personale. Altre volte può essere *faticoso fare del bene* quando così tante persone intorno a noi possono fare il contrario. Indipendentemente dal perché, possiamo essere certi che Dio non vuole che evitiamo deliberatamente la santità e mostriamo esteriormente agli altri qualcosa di diverso. L'ipocrisia è sempre stata scoraggiata da Cristo. Lo stile di scrittura di James è stato considerato *da alcuni in faccia da alcuni.* Forse però voleva che i cristiani mettessero in pratica ciò che imparavano. Che potrebbe essere visto in diversi modi nelle interazioni quotidiane. Sfida gli altri a capire se stavano vivendo la loro fede in modi tangibili, come la parola (v. 26), l'aiuto ai meno fortunati (v. 27) e il mantenimento di un giusto focus (v. 27) quando dice *"per evitare di essere contaminati dal mondo".*

Un'affermazione popolare su come un cristiano può riconciliare le differenze nel modo in cui dovremmo vivere biblicamente e nella cultura che ci circonda è: *Essere nel mondo ma non farne parte!*

––––––––––

Sfida: **Cosa vedo quando mi guardo? La mia vita è in linea con il modo in cui le Scritture mi insegnano o no? Come posso continuare a crescere nella fede?**

Andare Più a Fondo – Un Devozionale di 30 Giorni

Pregare: *Chiedere a Dio di continuare la Sua opera nelle aree della mia vita, in modo che la mia fede venga vissuta...*

Andando più a fondo:

Gli antichi scrittori biblici a volte mettevano in parallelo la crescita con gli oggetti di uso quotidiano con cui le persone avevano familiarità. Tuttavia, il suo uso o confronto con un uomo che si guardava allo specchio e dimenticava il suo aspetto era potente. La **NIV Cultural Backgrounds Study Bible** dice: "*Alcuni insegnanti di morale raccomandavano l'uso di uno specchio per la riflessione morale. Gli specchi antichi raramente producevano le immagini più accurate disponibili oggi*". **2** Se questo è vero riguardo alla qualità degli specchi nei tempi biblici, allora Giacomo sta forse mostrando la mancanza di impegno nel ricordare i comandamenti biblici abbastanza da metterli in pratica. Possiamo presumere che se vogliamo crescere nella fede, ci vorrà uno sforzo da parte nostra per avere successo.

Devozione scritto dal pastore Frank e Samuel Gervasi

---

1. Be Free, Chariot Victor Publishing, Copyright 1975.
2. NIV Background culturali Studio Bibbia, Zondervan, Copyright 2016

Andare Più a Fondo – Un Devozionale di 30 Giorni

www.ingramcontent.com/pod-product-compliance
Lightning Source LLC
Chambersburg PA
CBHW071626140626
46555CB00021B/827